Chroniques de Jean Molinet

Übersetzung von Hans-Georg Loose

Hermann von Hessen und seine Stadt Neuss

von Jürgen Huck

Herausgeber	Vereinigung der Heimatfreunde e.v. Neuss Markt 21-25, 41460 Neuss
Schriftleitung	Dr. Heinz Günther Hüsch
Verfasser	Hans Georg Loose, Jürgen Huck
Mitarbeit	Doris Kies, Gudrun Loose, Karl Werner
Bildnachweis	Seite 17, 18, 21, 24, 29, 34, 35, 43, 46, 49, 52, 84, 92, 110, 130: aus: Neuss, Burgund und das Reich, Schriftenreihe des Stadtarchivs Neuss, Band 6 Seite 14: Stadt Köln, Rheinisches Bildarchiv Seite 30, 104: Karte Autor Seite 38, 58: Belagerung von Neuss, Foto: Bernhard Moll Seite 127: »Das Rathauswappen« Faltblatt, herausgegeben von den Heimatfreunden 1988 Seite 129: aus Privatbesitz Seite 142: Statuette: Heimatfreunde Neuss, Foto: H. Hüsch Seite 148: Stadt Köln, Rheinisches Bildarchiv Seite 152: Stadtarchiv Neuss, A1/VIII.
Layout, Satz	Hüsch & Hüsch GmbH, Mühlradstr. 3-5, 52066 Aachen, www.huesch.de
Druck	Neusser Druckerei und Verlag GmbH, Neuss
Erscheinungsjahr	2002
Auflage	1.000
ISBN-Nr.	3-934794-02-5

Wir danken der Stadt Neuss für ihre tatkräftige Unterstützung.

1. Teil

Ein Kriegsbericht über die Belagerung von Neuss aus Feindessicht

aus den Chroniques de Jean Molinet
Übersetzung von Hans-Georg Loose

2. Teil

Hermann von Hessen und Neuss

von Jürgen Huck

Chroniques de Jean Molinet
Übersetzung von Hans-Georg Loose

Einleitung 9

1 Wie Karl, der mächtige Herzog von Burgund,
  um die starke Stadt Neuss zu Lande einen Belagerungsring legte. 13

2 Wie durch ruhmreiche Tat die Inseln vor Neuss erobert wurden und wie
  die Stadt zu Wasser und zu Land gänzlich von der Außenwelt abgeriegelt wurde. 23

3 Wie der Herzog von Burgund durch Einfallsreichtum und mühevolle Arbeit den
  Neussern den Rhein und andere Gewässer entriss, die vor der Stadtmauer flossen. 28

4 Wie Herzog Karl den Ansturm auf das große Bollwerk der Stadt Neuss befehlen ließ. 33

5 Wie verschiedene Kriegsmaschinen hergestellt wurden, um die von
  Neuss in Kämpfe von Mann zu Mann zu verwickeln. 37

6 Wie die von Neuss mehrere Ausfälle und Unternehmungen gegen
  die Armee des Herzogs von Burgund machten. 40

7 Über die bemerkenswerte Ordnung, die der Herzog den
  Versorgungseinheiten seines Heeres auferlegte. 45

8 Wie 500 Mann heimlich in die Stadt Neuss gelangten,
  um die Belagerten zu „erfrischen". 51

9 Die Prachtentfaltung im Lager vor Neuss. 55

10 Wie gegen die Vorwerke von Neuss mit heldenhaftem Mut angestürmt wurde. 66

11 Wie Messire Olivier de la Marche, Haushofmeister des Herzogs und
   Kapitän seiner Garde, die Italiener und andere Kompanien die Stadt Lints (Linz)
   in Deutschland mit frischen Kräften verstärkten. 70

12 Wie auf Grund eines Abkommens die Garnison von Linz unter Mitnahme
   aller Güter und Personen abrücken musste und dabei von den
   Deutschen ausgeplündert wurde, die weder Verträge noch Versprechen hielten. 78

13 Wie die von Köln jenseits des Rheins ein starkes und mächtiges Bollwerk errichteten,
   um die von Neuss zu unterstützen und um ihrerseits den Herzog zu belagern. 82

14 Wie die Stollen, die Herzog Karl mit großem Eifer hatte graben lassen,
   durch die Nachlässigkeit der Italiener verloren wurden. 91

15 Wie die von Neuss auf die Inseln kamen und von den Engländern
   wieder verjagt wurden. 96

16 Wie die Deutschen bei einem Zusammenstoß mit den Burgundern
   hart mitgenommen wurden. 98

17 Die Antwort, die Monseigneur, der Herzog von Burgund, den Botschaftern des
   Connétable (Oberbefehlshaber der Armee) von Frankreich gab, die ins Lager von
   Neuss gekommen waren, um Waffenstillstandsvereinbarungen
   zwischen dem König und ihm zu schließen. 101

18 Wie der Kaiser mit großer Macht den Rhein herabzog, um die Stadt Neuss
   zu entsetzen und den Herzog von Burgund zu bekämpfen. 108

19 Wie unser Heiliger Vater seinen Legaten schickte, um zwischen dem Kaiser
   und dem Herzog von Burgund zu vermitteln und um sie von einer Schlacht abzubringen. 114

20 Wie Herzog Karl von Burgund bei guter Sicherung des Belagerungsrings
   um Neuss den Kaiser und die ganze Streitmacht des Reiches bekämpfte. 118

21 Das Abkommen über die Stadt Neuss. 126

22 Das harte militärische Treffen, welches wegen des Abzugs der beiden Fürsten stattfand. 128

Vorwort von Molinet zu den Chroniken insgesamt. 132

Anhang 137

Hermann IV. Erzbischof und Kurfürst von Köln und seine Stadt Neuss von Jürgen Huck

Allgemeines 143
Hermann
　　im Neusser Krieg 1474–1475 152
Hermann als Gubernator
　　sowie Erzbischof und Kurfürst
　　1475 – 1508 157
Schlussbetrachtung 169

Zur Person Hans-Georg Loose 172
Zur Person Jürgen Huck 172

Weitere Veröffentlichungen der Heimatfreunde 174

Inhalt

Vorwort

Die Vereinigung der Heimatfreunde Neuss e.V. besteht aus Neusser Bürgerinnen und Bürgern und aus Freunden unserer Stadt, denen Neuss und seine Tradition besonders am Herzen liegen. Uns allen geht es um die Zukunft von Neuss, fußend auf überlieferten Werten des Neusser Lebens, der Tradition und der Gegenwart.

Seit ihrer Gründung im Jahre 1928 hat die Vereinigung der Heimatfreunde Neuss die Erforschung und Darstellung der Neusser Stadtgeschichte durch Vorträge und Veröffentlichungen gefördert. Zu den Höhepunkten dieser Neusser Stadtgeschichte zählt auch der Neusser Krieg in den Jahren 1474/75. Der damalige Reichsfeind Karl der Kühne, Herzog von Burgund, scheiterte mit seinem mächtigen Heer vor den Mauern der Stadt. Der Geschlagene zog ab, allerdings nicht, ohne mit Kaiser Friedrich III., der der Stadt mit dem Reichsheer zu Hilfe gekommen war, eine Reihe für ihn günstiger Vereinbarungen zu treffen, darunter auch die Verlobung seiner Tochter Maria von Burgund mit dem Sohn Friedrichs III., Maximilian.

Der Neusser Krieg 1474 bis 1475 ist zuletzt noch 1975 stadtgeschichtlich besonders gewürdigt worden. Nur wenigen Neussern aber ist bisher der zeitgenössische Bericht des französischen Historikers Jean Molinet, der am Hofe Karl des Kühnen weilte und auch vor Neuss war, bekannt geworden. Zitiert wird er gelegentlich. Die Heimatfreunde konnten Dr. Hans-Georg Loose gewinnen, eine Übersetzung aus dem mittelalterlichen Französisch zu schaffen, wobei sich diese Übersetzung auf die für Neuss wichtigen Teile des umfangreichen Werkes von Molinet konzentriert.

Das Hauptverdienst, die Stadt Neuss gegen das Burgunderheer behauptet zu haben, gebührt dem nachmaligen Kölner Erzbischof und Kurfürsten Hermann IV., Landgraf von Hessen (verstorben 1508). Der Neusser Stadtarchivar a.D. Jürgen Huck hat in seinem Beitrag erstmalig und ausführlich das langjährige und freundschaftliche Verhältnis Hermann von Hessens zur Stadt Neuss, sei es als Kommandant ihrer Verteidigung, sei es als ihr Oberhirte und Landesherr, untersucht und dargestellt. Mit den beiden Beiträgen dieses Buches schlägt die Vereinigung der Heimatfreunde Neuss eine Brücke zwischen dem Hofberichterstatter des mächtigen, aber besiegten Feindes zum Freund und Beschützer der Stadt Neuss, Hermann von Hessen. Wir sind überzeugt, mit dieser Veröffentlichung einen weiteren Baustein zur Geschichte unserer traditionsreichen, gegenwartsstarken und zukunftsoffenen Heimatstadt zu leisten.

Neuss im Sommer 2002

Dr. Heinz Günther Hüsch
Vorsitzender der Vereinigung der Heimatfreunde Neuss

Ein Kriegsbericht über die Belagerung von Neuss aus Feindessicht

aus den Chroniques de Jean Molinet
Übersetzung von Hans-Georg Loose

Einleitung

In den Jahren 1474/75 steht der Name der Stadt Neuss im Zentrum europäischer Politik. Neuss ist dabei Leidtragende der Auseinandersetzung zwischen dem Burgund des ehrgeizigen Herzogs Karl und dem Deutschen Reich bzw. Frankreich. Innerhalb weniger Generationen hatten die Herzöge von Burgund durch Erbschaft und Krieg ein Reich zwischen Deutschland und Frankreich aufgebaut, welches im Süden vom heutigen Burgund mit der Hauptstadt Dijon bis nach Westfriesland im Norden reichte. Dieses Reich bildete keinen geschlossenen Block, in der Mitte gab es in der Höhe von Lothringen und der Erzbistümer Trier und Köln Lücken, die Karl der Kühne zu füllen gedachte. Als im Streit zwischen den Ständen des Kölner Erzbistums und dem 1463 zum Erzbischof gewählten Ruprecht von der Pfalz das Kölner Domkapitel im März 1473 Hermann von Hessen zum Stiftsverweser wählte, benutzte der Herzog die Absetzung Ruprechts, eines entfernten Verwandten von ihm, um auf dieses Gebiet Einfluss zu nehmen. Er ernannte sich zum Verfechter der Ansprüche seines abgesetzten Verwandten, bot seine Truppen auf und marschierte in Richtung Rhein. Sein Angebot an die Stadt Köln und später an Neuss, sich ihm und seiner Gnade zu übergeben (hier wörtlich zu nehmen), wurde abgelehnt. Die Kölner und noch mehr die Neusser wussten um das Risiko, das sie damit eingingen, hatte der Herzog doch wenige Jahre zuvor nach der Eroberung der Stadt Dinant 800 Bürger jeweils zu zweit fest verschnürt in die Maas werfen und ertränken lassen.

Im Streit zwischen Ruprecht und dem Kölner Domkapitel hatte sich die Stadt Neuss mit Köln und Bonn für den Landgrafen Hermann von Hessen entschieden. Andere Städte, wie z. B. Linz, hielten zum abgesetzten Erzbischof.

Hermann von Hessen glaubte nicht, dass Karl die Freie Reichsstadt Köln direkt angreifen werde; er hatte jedoch vorsorglich Truppen verpflichtet, und als Neuss als Angriffsziel Karls deutlich wurde, zog er mit seinen Streitern dorthin, um sein Schicksal mit dem der Stadt zu verbinden. Neuss hat sich später, wie das Hissen der Reichsfahne verdeutlicht, dem Schutz des Reiches unterstellt. Inwieweit vom vorsichtig taktierenden Friedrich III. von Habsburg, der im fernen Wien residierte, wenn er nicht daraus vertrieben war, und der als "des Heiligen Römischen Reiches Oberschlafmütze" in die Geschichte einging, wirklich schnelle Hilfe erwartet worden war, ist kaum zu beantworten; Molinet erwähnt mehrfach, dass die deutschen Fürsten den Kaiser zum Entsatz von Neuss drängen mussten. Karl seinerseits scheint den Widerstand der Belagerten und den Zeitaufwand trotz sorgfältiger Planung des Feldzuges unterschätzt zu haben. Bei einem Sieg vor Neuss und einem erfolgreichen Griff auf das Erzstift und den Rhein hätte der Wiedererrichtung des alten lotharingischen Mittelreiches und langfristig der Erwerbung der Kaiserkrone für sein Haus wenig im Wege gestanden. Karl steht vor Neuss auf der Höhe seiner Macht. Als er im Sommer 1475 unbesiegt aber auch nicht siegreich von Neuss abrückt, war nach Ansicht von Historikern die Verbindung des Hauses Habsburg mit dem Haus Burgund durch die Hochzeit des Thronfolgers Maximilian und der einzigen Tochter des Burgunders, Maria, in die Wege geleitet.

Zwei Jahre später zerbricht der Traum des neuen Mittelreiches brutal. Karl liegt tot, von Wölfen angefressen, vor den Mauern von Nancy. Zwar heiraten Maximilian von Österreich und Maria von Burgund 1479, doch stirbt Maria nach kurzer Ehe an den Folgen eines Jagdunfalls. Ein Großteil des burgundischen Besitzes fällt 1482 an Habsburg und damit wieder an das Deutsche Reich, darunter auch die Freigrafschaft Burgund, die heutige Franche–Comté mit Besançon als Zentrum. Das Herzogtum Burgund und die Pikardie fallen zurück an Frankreich. Soweit zum europäischen Aspekt der Belagerung von Neuss.

Ganz anders ist der lokale Bereich; die mittelalterliche Stadt Neuss mit ihren befestigten Stadttoren, dem Quirinusmünster und ihren Flüssen erscheint vor unseren Augen: die noch fließende Krur, die Umleitung der Erft weg von Neuss in den Rhein in Höhe des heutigen Grimlinghausen und auch die Sperrung des Rheinarmes, der Neuss Zugang zur Rheinschifffahrt und damit zu wirtschaftlicher Blüte vermittelt hatte, fallen in die Zeit der Belagerung[1].

Über diese lokale Perspektive hinaus gewährt uns die Chronik Molinets Einblick in die religiöse Verankerung der damaligen Gesellschaft. Es war natürlich, dass Heilige und insbesondere Stadtpatrone aktiv in das Leben eingreifen. Molinet führt uns auch hin zum Leben des burgundischen Hofes, der Vorbild wird für die höfische Etikette späterer Jahrhunderte. Er zeigt uns Angriffs- und Verteidigungsstrategien in einer Zeit, in der sich mittelalterliche Bewaffnung (Schwert, Bogen, Steinschleudern und Brandpfeile) in Konkurrenz zu neuzeitlichen „Donnerbüchsen" und dicken „Brummern" befinden.

Sehr deutlich wird die Aufgabe von Molinet als „indicateur", als bestellter Berichterstatter. Karl der Kühne steht eindeutig im Mittelpunkt der Schrift. Molinet zollt ihm und seinen Entscheidungen regelmäßig höchstes Lob. Dieses von seinem Auftraggeber erwartete Verfahren dient indes wenig dazu, alle Charakterzüge Karls des Kühnen zu beleuchten.

Nachsicht vom Leser erfordert der Stil des ausgehenden 15. Jahrhunderts. Dauernde Redundanzen (Mehrfachbezeichnungen) eines Tatvorganges waren damals in Mode, als der Buchdruck gerade erst erfunden war und die handschriftlichen Texte und Chroniken vor allem zum Vorlesen dienten.

Allzu große Abweichungen von unseren heutigen stilistischen Vorstellungen hat der Übersetzer im Hauptteil der „Chroniques" von Jean Molinet ausgebessert. Dieser Hauptteil wendet

[1] Über das gesamte historische Geschehen sowie über europäische Hintergründe und künstlerische, bzw. literarische Verarbeitung informiert ausführlich das zur 500 Jahrfeier des Ereignisses von 1475 erschienene Buch: Neuss, Burgund und das Reich, Neuss 1975.

sich an den Leser, der sich für das konkrete Geschehen des Jahres 1474/75 im Umfeld von Neuss interessiert.

Dem Anhang sind das Lob des Hauses Burgund, Informationen über die Person Molinets und Fragen der Überlieferung und Übersetzung vorbehalten.

Wesentlich beigetragen zur Entstehung dieses Buches haben Heinz Günther Hüsch, der als Vorsitzender der Heimatfreunde die Übersetzung des Werkes anregte und den Druck in die Wege leitete. Danken möchte ich Peter Stenmans für das durch die Diskussion um die Rechtschreibereform erschwerte Korrekturlesen. Als Fachmann für mittelalterliche lateinische Texte gab er mir darüber hinaus wertvolle stilistische Anregungen. Schließlich gilt mein persönlicher Dank meiner Ehefrau Gudrun Loose. In langen Abendstunden übernahm sie die Textverarbeitung meiner handschriftlichen Notizen und sorgte durch ihre Kritik und Hinweise für die Verständlichkeit und stilistische Ausgewogenheit der Übersetzung.

Neuss, im Jahre 2002
H. Georg Loose

Kapitel 1

Wie Karl, der mächtige Herzog von Burgund, um die starke Stadt Neuss zu Lande einen Belagerungsring legte[1].

Ewiger Ruhm gebührt dem allerhöchsten König der Könige, der durch seine einzigartige Güte das menschliche Geschlecht zum Heile führte. Unsterbliches Lob gebührt Marcus Curtius, der zur Rettung des römischen Volkes in den grausigen Abgrund sprang. Anrecht auf stete Erinnerung hat der edle Herzog Gottfried (von Bouillon, Führer des ersten Kreuzzugs (1096 – 99) und erster König von Jerusalem), der auf sein eigenes Erbe verzichtete, um das Heilige Land zu erobern.

Glückbringende Belohnung gebührt dem hochstehenden und mächtigen Herzog Karl als Ausgleich dafür, dass er seine eigenen Forderungen zurückstellte. Um das allgemeine Wohl[2] zu mehren und um seinen edlen Verwandten, Freunden und Verbündeten zu Hilfe zu kommen, besonders aber auch um des

[1] assiégea
[2] bien publique

Wohlergehens der Kirche und um des kirchlichen Friedens willen, setzte er sein Leben, seine Untergebenen und sein Vermögen den Glücksfällen des Krieges aus, wie es klar zu Tage tritt.

Der aus dem bayerischen Herrscherhaus stammende Erzbischof von Köln, sein Vetter und Verbündeter und Bruder des Pfalzgrafen bei Rhein, der von seinem Bischofsstuhl und aus seiner Hauptstadt vertrieben worden war, klagte Karl sein Leid und sagte, dass das Domkapitel der Stadt Köln Hermann, den Landgrafen von Hessen, Bruder des Heinrich, Landgraf zu Hessen[3], zum Erzbischof haben wollte. Dies befürworteten[4] der Kaiser, die Erzbischöfe von Mainz und Trier, Albrecht III. Achilles[5], Markgraf von Brandenburg, der Herzog von Sachsen, der besagte Heinrich, Eberhard[6], Graf von Württemberg und Mömpelgard[7], zusammen mit anderen zahlreichen bedeutenden Prinzen und Baronen gemeinsam mit Reichsstädten, Städten und Ständen Deutschlands.

Der gütige und mitfühlende Herzog Karl hörte die Bitte und Klage seines Verwandten. Er sah, dass dieser gegen Recht und Vernunft und gegen den Willen unseres Heiligen Vaters, der ihn bestätigt hatte, seines Amtes beraubt war, das er lange besessen hatte. Deshalb machte er im Vertrauen auf unseren Herrgott und die Heilige Kirche, deren wahrer Streiter und ritterlicher Beschützer er war, die Sache des obengenannten Erzbischofs, seines Verwandten, zu der Seinen. Damit

Erzbischof Hermann von Hessen (1480-1508)
Darstellung im Dreikönigenfenster im nördlichen Seitenschiff des Kölner Domes.

Kapitel 1 – Chroniques de Jean Molinet

stellte er sich gegen den Kaiser, dessen Anhänger und Befürworter und gleichsam gegen die gesamte Macht Deutschlands[8].

Neuss also, befestigte Stadt, erzbischöfliches Gebiet, Heimstatt der Unheilstifter[9], der Stolz Deutschlands, das mehr Vertrauen in seine eigene Stärke als in jede andere setzte, da es noch nie in einer Belagerung besiegt worden war, (Neuss also) unterstützte in seinen Mauern die gegnerische Partei des erwähnten Erzbischofs. Es war bewundernswert stark, sowohl durch Wasser als auch durch Mauern (geschützt), zwei gute Bogenschüsse lang, aber schmal im Verhältnis dazu, und zwar an dem einen Ende mehr als an dem anderen Ende, wie ein Leichentuch. Auf der einen Seite lehnte sich die Stadt an einen Rheinarm an, der gegen die Mauern schlug, und an einen anderen (kleinen) Fluss (die Erft), der vom Herzogtum Jülich kam. Dieser war seinerseits wieder verbunden mit einem anderen Quellwasser (die Krur), das zwei Mühlen betrieb und das den anderen Teil der genannten Stadt umgab. Alle Wasser zusammen ergossen sich in den mächtigen Rhein, der ziemlich weit entfernt floss.

Ebenso war Neuss in bemerkenswerter Weise mit Mauern aus Sandstein umgeben, mächtig umwallt mit gewaltigen Umschließungen, hoch und breit und verstärkt durch kräftige Vorwerke[10]. Diese waren findig zusammengesetzt aus Stein und Ziegelstein und mit erstaunlichem Geschick an manchen Stellen ganz aus Erde und zur Verteidigung vorbereitet, um die Angreifer zurückzuwerfen. Zwischen den Vorwerken und den genannten Mauern gab es mehrere, ziemlich tiefe Gräben, und darüber hinaus fand man vor den Vorwerken andere mächtige Gräben von äußerster Tiefe, manche davon steil ausgestochen, sehr breit und voller Wasser. Sie umgaben weiträumig die Stadt und ihre Befestigungsanlagen bis hin zu den Flussläufen.

Vier Haupttore gleicher Art, alle mit Ausfalltoren und Verkragungen, verschönten und verstärkten ungemein die genannte Umfassung, denn jedes von ihnen hatte auf der Vorderseite ein Bollwerk in der Art einer Bastei, mächtig, stark und gut zu verteidigen, wohl versehen mit allem Kriegswerkzeug, besonders mit Pulvergeschützen in Hülle und Fülle. In Neuss stand inmitten

[3] Landgraf Hermann von Hessen war als nachgeborener Sohn zum Kleriker bestimmt. Sein Bruder, Landgraf Heinrich von Hessen, regierte in Hessen.
[4] favoriser
[5] Aubert
[6] Evrard
[7] Montbéliard
[8] Germanie
[9] malheureux
[10] les braies

anderer Gebäude eine sehr schöne Kirche adeliger Stiftsfrauen, hoch gebaut und von großartigem Aussehen, wo der Körper des heiligen Quirinus ruhte, ihres Schutzpatrons. Diesen verehrten Bürger und Einwohner außerordentlich und innig, denn sie erhofften sich dank seiner Fürsprache bei Gott Wohlergehen und Schutz vor allem Bösen. Zusammen mit ihrem Erzbischof, dem Konkurrenten des wahren Hirten, hatten sie sich sehr erfahrener Kriegsleute versehen. Sie hatten die Blüte, den Ruhm und die Auslese der Ritterschaft Deutschlands sowie tapfere Söldner und auserlesene „Reisige"[11] aus diversen Landstrichen zusammengesucht. So hofften sie nicht nur ihre Stadt zu schützen, sondern auch den Ansturm Karls zurückzuschlagen, der Köln zum Ziel hatte, um Kaiser und Reich die Stirn zu bieten.

Anführer und Befehlshaber dieser harten und wenig liebevollen Truppe war ein wackerer Hauptmann, schlau und unternehmungslustig, mit Namen Musebacq[12]. Er gierte nach Streit und hatte viele Belagerungen durchstanden. Auf diese Weise abgehärtet, fand er mehr Vergnügen am Donner dicker Bombarden (Steingeschütze) als an Gesängen lieblicher Jungfrauen, und die Oberschenkel alter Pferde schmeckten ihm besser als die Pasteten aus jungen Hühnchen. Er wünschte sich seit langem, das Heer des Herzogs von Burgund anzugreifen und mit ihm zusammenzustoßen, um die Wucht der Truppe zu erproben, die jedermann so hoch einschätzte.

Die damaligen Bürgermeister, Johann von Erprath[13] und Rambold Kyebusch[14], Männer mit starker Führungskraft, listig und verschmitzt, hatten die Befehlsgewalt und Führung der Stadt inne. Sie hielten einen wachsamen Blick auf die Bevölkerung, die wie halbe Kriegsleute mit Feuer und Blut, Schwefel und Salpeter genährt war, gewiegt zum Kriegsgeschrei und eingeschlafen beim heftigen Klang der Feldschlangen (24 Pfünder), der groben Geschütze und Hakenbüchsen[15]. Die Neusser waren so ziel– und treffsicher geworden, dass, wenn man nur zwei Finger breit ungedeckt war, dies einen tödlichen Treffer einbrachte.

Zusätzlich zu den Vorräten eines jeden Jahres gab es riesige Mengen von Gütern und Lebensmitteln in Neuss, das von sei-

---

[11] Molinet spielt hier mit Begriffen: routier (der Reisige) ist auch der Wegelagerer, Gelegenheitssoldat, fin rustres: ebf. doppeldeutig „fein", rustres: Soldtruppen, aber auch Leute mit schlechten Manieren.

[12] Musebacq – Mäusebach

[13] Herprode

[14] auch Rambault Keyebisch / Heyesbich / Reyebisez / Hyebicq

[15] serpentines, culeuvrines et hacquebuses

[16] épinane

Kapitel 1 – Chroniques de Jean Molinet

Neuss berannt und belagert

Holzschnitt aus der „Die Cronica van der hilligen Stat vā Coellen" (Koellhof'sche Chronik) S.322r

nem Charakter her anmaßend, zänkisch, widerborstig[16] und dem Krieg zugetan war. Und weil es dieses Handwerk liebte, hatte es von Alters her zwei leistungsfähige, von Pferden getrie-

Neusser Taler von 1557
St. Quirin als barocker Ritter zwischen dem alten Neusser Wappenschild und dem des Quirinusstiftes; Umschrift: S.QUIRINUS PATRONUS NOST(ER) 1557

bene Mühlen, um sich in Notzeiten einer Belagerung zu helfen. Zusätzlich fanden sich eine Vielfalt von Verteidigungswerken[17] und Geschützen, um die Vorüberziehenden zu begrüßen und um die Nachbarn willkommen zu heißen, deren furchterweckendes und plötzliches Auftauchen man erwartete. Der erhabene Herzog Karl von Burgund zögerte vor keinem scheußlichen, kriegerischen Unternehmen. Er vermutete den Hauptgegner seines Vetters, Hermann von Hessen, wohlgeborgen in der festen Stadt Neuss unter den Fittichen Germaniens und des kaiserlichen Adlers. Da dieser jenen mit Füßen und Klauen verteidigte, fasste Karl den Entschluss, deswegen und um anderer Gründe willen, die unwahrscheinlich starke und gleichsam uneinnehmbare Stadt zu belagern.

Er befahl seine Truppen dorthin, ließ die Geschütze heranführen und am Ende des Monats Juli des Jahres 1474 ließ er als der Tapferste der Tapferen und als der alle anderen bei weitem Überragende dort seine Standarte aufziehen und errichtete prunkvoll sein Hauptquartier genau im Angesicht der Deutschen, die ihn mit großer Verachtung behandelten[18]. Zuerst beschlagnahmte er ein großes Kloster der Augustinerchorherren, das einen Bogenschuss weit von Neuss entfernt vor dem Haupttor der Stadt lag (Oberkloster). Dort fand er einen Teil der Ordensleute vor, die von den anderen zurückgelassen waren, welche sich in die Stadt geflüchtet hatten. Bei diesem Anmarsch behinderten die Neusser ihn weder defensiv noch offensiv, obgleich sie wohl dachten, dass der Herzog sich dort einquartieren würde. Sie hatten deshalb das Kloster drei Tage vor seiner Ankunft niederbrennen wollen, aber das Feuer wollte nicht greifen, so dass das Kloster ganz unversehrt blieb. Die Ordensleute waren sehr erfreut darüber, einen so guten Gast zu haben, denn sie zogen davon ziemlichen Nutzen. Der Graf von Campo Basso, ein neapolitanischer Ritter, tapfer und waffenerfahren wie sonst niemand zu seiner Zeit, und andere hohe Kriegsleute, die klug, einfallsreich und von lebhafter und durchdringender Auffassungsgabe waren, wurden vom Herzog ausgeschickt, um die Streitkräfte zu inspizieren. Sie sollten überlegen, auf welche Weise das Lager um Neuss mit geringstem Verlust und höchstem Gewinn auf Dauer angelegt werden könnte. Auf den Befehl des Herzogs hin belagerte der Graf mit 400 gut ausgerüsteten und gehärnischten Pferden versehenen italienischen Lanzen[19] und deren Fußvolk (Knappen) ein neben einer der heiligen Barbara geweihten Kapelle liegendes Tor (Rheintor). Dieses Tor führte am Rhein entlang nach Geldern und war mit einem großen und mächtigen Bollwerk verstärkt. Dort wurden zwei große Bombarden (Brummer), eine kleine Bombarde, mehrere kleine Geschütze[20] und Feldschlangen aufgestellt. Vor dem zweiten Tor, das den Weg zum Kloster Meer[21]

[17] bastons deffensoires
[18] lt. anderem Manuskript: en grant argu: mit einem hitzigen Gefecht empfingen
[19] Lanze: Gruppe von einigen (4?) bewaffneten Reitern, 1 Ritter mit 4 bewaffneten Knappen o.ä.
[20] courtaulx: auch als schweres, aber kurzes Belagerungsgeschütz definiert; Mörser?
[21] Notre Dame d'Aix

freigab und welches ein vortreffliches Bollwerk hatte, bezog mit 200 italienischen Lanzen samt deren Fußvolk (Knappen) Jacques Galeotto Stellung. Er war ein berühmter und kluger Truppenführer und wurde von 200 Bogenschützen aus England begleitet. Zusätzlich zog ein edler Herr aus Piemont dorthin, namens Jacques Valperga, der für 50 piemontesische Bewaffnete verantwortlich war, die zur Einheit[22] Campo Bassos gehörten. Vor dem erwähnten Stadttor (Niedertor) gab es große und kleine Bombarden, eine Reihe von Geschützen und Feldschlangen.

Tiefe und breite Laufgräben wurden vor der Mauer angelegt, damit die Leute eines Lagers[23] den anderen zu Hilfe eilen konnten. Neben diesem Tor verschanzte sich Herr[24] Bernhard von Ravestain, Hauptmann von 100 Lanzen, 300 Bogenschützen und 300 Fußsoldaten. Ebenso lagerte neben ihm ein Ritter namens Broekhuizen, der ungefähr 200 Büchsenschützen aus dem Land Geldern zusammengezogen hatte. Gegenüber dem Stadttor (Zolltor?), von wo der Weg ins Herzogtum Jülich führt, schlug der Herr Baudouin von Lannoy sein Lager auf. Er war Oberhaupt und ehrenwerter Führer von 300 gewöhnlichen Lanzen[25], 300 Bogenschützen und 300 Fußsoldaten. Sein Lager umfasste den Bereich zwischen dem Lager des erwähnten Herrn Bernhard und der Straße zum oben genannten Stadttor. Lancelot von Berlaimont, ein edler Knappe aus dem Hennegau, verantwortlich für 50 Lanzen und 200 Bogenschützen, umschloss das Restgebiet bis zum Lager des Herzogs; ihm waren für diese Aufgabe der Landvogt des wallonischen Brabant und ein Knappe namens Marbais als Verstärkung zugeteilt worden mit 400 Fußsoldaten, Pikenieren, Büchsenschützen und Bogenschützen aus dem Land Brabant, von Namur und Lüttich. Diese stauten an einer kleinen Steinbrücke ein Flüsschen[26] (die Krur), wobei sie reichlich Fische fingen, und lenkten es dann in den Wald[27] um. Im Anschluss daran schlugen vor einem großen Stadttor (Obertor) in der Art einer Festung, das direkt in Richtung Köln weist, tapfere und erfahrene Führer ihr Lager auf: der Gnädige Herr[28] Philippe von Poitiers, Herr von La Ferté, und der Gnädige Herr Ferry de Clisance, Herr von Beauvoir. Jeder von ihnen hatte 100 Lanzen der Ordonnanzen[29] und

[22] société
[23] quartier
[24] Sire
[25] lances ordinaires
[26] rivière
[27] le bois
[28] messire
[29] Ordonnanzeinheiten sind Soldaten, die dauernd im Dienst sind und bezahlt werden im Gegensatz zu anderen Soldaten, die nur für einen Feldzug und eine feste Zeit ein Dienstverhältnis eingehen und bezahlt werden. Ordonnanzen sind Vorläufer der stehenden Heere und stärken infolge ihrer dauernden Einsatzbereitschaft die politische Macht der sie finanzierenden Fürsten, meistens Landesherren.

Kapitel 1 – Chroniques de Jean Molinet

300 Bogenschützen, Bewaffnete aus Burgund und Bogenschützen aus der Pikardie und dem Hennegau. Dort wurde auch eine schwere Bombarde zusammen mit mehreren Reihen von kleinen Geschützen[30] und Feldschlangen aufgestellt. Dies Lager erstreckte sich bis zum oben erwähnten Fluss (Erft), der aus dem Herzogtum Jülich kommt und vor dem Kloster vorbeifließt. Dort in der Nähe ließ der Herzog sein tragbares Haus aufbauen und in den Gärten der Umgebung mit seinem Wappen reich verzierte Zelte aufschlagen, um dort Quartier zu nehmen. Der aus zahlreichen Adeligen bestehende Hofstaat richtete sich zwischen der Straße nach Köln und der Erft ein[31].

Der Sitte entsprechend gibt es am Hof und bei der Familie des Herzogs von Burgund neben 20 Kammerherren genau 40 Reiter[32] und 40 Bewaffnete (zu Fuß), die von vier adeligen Rittern befehligt werden, unabhängig von anderen Rittern in großer Zahl, welche den Bezeichnungen der alten Hofämter entsprechend eingeteilt werden. Es gibt deshalb 50 Brotmeister, 50 Mundschenke, 50 Vorschneider und 50 Stallmeister mit jeweils einem Schwertträger[33]. Letztere werden von vier Führern[34] befehligt. Dann gibt es noch 50 Leibschützen und zwei Ritter als deren Anführer. Zusätzlich bezog dort seine Artillerie Quartier und seine Garde, welche aus 70 Wappenträgern und ebenso vielen bewaffneten Knappen und aus 70 Bogenschützen besteht, die alle zusammen von einem waffengeübten und wackeren Edelmann und vier Knappen als Anführern befehligt wurden.

Gleichzeitig wurden im Lager des Herzogs Prinzen, Barone, edle Herren und Pfründner[35] einquartiert, die ihn damals mit

Karl der Kühne, Herzog von Burgund (1433-1477)
Kupferstich von Cornelius Fischer (ca. 1619-1662) nach einem Gemälde von Jan van Eyck (1390-1441)

[30] courtaulx

[31] Molinet zählt nur vier Stadttore auf. Das Tor Notre-Dame d'Aix liegt lt. Molinet eindeutig neben dem Rheintor und ist mit diesem durch einen Laufgraben verbunden. Aix bezieht sich m. E. nicht auf Aachen, sondern auf das Kloster Meer (Meer = Wasser = Aix).

[32] chevaliers

[33] coustillier = Knappe aus Geblüt; eigentl.: mit einem beidseitigen Säbel Bewaffneter

[34] chefs d'escadres

[35] pensionnaires

einer großen Menge Diener begleiteten. Das waren Monseigneur Johann, der älteste Sohn des Herzogs von Cleve; der Graf von Male, Ritter des Vlieses; der Graf von Meghe (Guy de Brimeu), Ritter des Vlieses; der Herr Jacques von Luxemburg, Ritter des Vlieses; der Graf von Chimay (Philippe de Croy), Ritter des Vlieses; der Graf von Joigny (Charles de Chalon); der Sohn des Grafen von Rotelin (Rudolf von Hochberg, Marschall von Burgund); der Neffe des Herzogs von Geldern; der Graf von Arran, ein Schotte und Messire Jean Midelton, Ritter des Hofstaates des Königs von England. Ein Teil von diesen und andere, die noch hinzukamen, quartierten sich im Schlafsaal der Mönche ein, welche den Ordensbrüdern[36] des Mars Platz machten, die ein anderes Glaubensbekenntnis haben. Denn durch den Missbrauch der Welt und den Wandel des Kriegsglücks wurden die Orte der Frömmigkeit[37] in Orte des Lasters[38] umgewandelt. Dort, wo man dem alten Brauch nach schöne und bemerkenswerte Lehren studierte, dort studierte man Würfel– und Brettspiele; dort, wo arme Sünder und Büßer heiße Tränen der Reue weinten, dort riefen kühne Kämpfer zum Angriff und zu den Waffen. Dort, wo sonst die Pelzmäntel der Chorherren und weiße Chorröcke hingen, hingen nun Sturmhauben, glänzende Harnische und Lanzen und diejenigen, die (einst) zum hellen Ton der Klosterglocke aufstanden, wurden durch den dumpfen Ton der Bombarden und Mörser hochgeschreckt.

So wurde die Stadt Neuss zu Land wirkungsvoll belagert und der Belagerungsring mit Gräben abgeriegelt, Kriegsmaschinen wurden aufgestellt und Laufgräben fachgerecht und mutig ausgehoben. Dabei gab es infolge des außerordentlich schweren[39] und anhaltenden Beschusses mit Pulverbüchsen Verluste bei den Italienern und andere Tote und Verletzte.

---

[36] religieux
[37] dévotion
[38] dérision
[39] aspre

Kapitel 2

Wie durch ruhmreiche Tat die Inseln vor Neuss erobert wurden und wie die Stadt zu Wasser und zu Land gänzlich von der Außenwelt abgeriegelt wurde.

Da der Hauptarm des Rheines ziemlich weit entfernt von Neuss floss und ein Nebenarm desselben zusammen mit anderen Bächen[1] und Quellgewässern[2] zu Füßen der Stadtmauer verlief und diese zusammen in den Hauptstrom flossen, gab es eine Insel (die Waid), ungefähr eine französische Meile groß. Sie verstärkte auf vorzügliche Weise die Position der Stadt. Und weil von diesem Nebenarm noch ein schmales Wasser abging, das bald darauf wieder in das Ganze zurückfloss, bildete sich eine weitere Insel (die Werd) von einem Drittel der Größe der anderen Insel.

[1] ruisseaux
[2] fontaines

Kämpfe zwischen Lombarden und Neussern um die „Waidt" (= Insel zwischen Stadt und Rhein) Holzschnitt aus der Wierstrait'schen Chronik von 1564

Auf diesen von Flussläufen umgebenen Inseln ruhte die ganze Hoffnung der Belagerten. Sie waren der Grund für ihren hochmütigen Widerstand[3], die Stärke ihres wütenden Armes und die Sicherheit ihrer stolzen Herausforderung; denn bei dreizehn früher ertragenen Belagerungen hatte sich kein Fürst angemaßt, deren Belastbarkeit zu überprüfen, mit wieviel außerordentlicher Kühnheit er auch begabt gewesen war. Wie die Neusser sagten, habe selbst Karl der Große dort nicht Fuß fassen können. Aber der Kleinere jenes Namens[4], nicht an Tugend, Tapferkeit und ruhmreichen Unternehmen kleiner, sondern kleiner an Körpergröße und Macht, wagte es, diese Inseln anzugreifen und zu gewinnen. Er eroberte sie auf ruhmreiche Weise dank Scharfsinn und ritterlicher Tatkraft, wenn auch nicht ohne Verlust und Schaden. Auf diesen Inseln und in einigen parallel zum Fluss angelegten Gräben standen die Landsknechte von Neuss und eine Reihe von Büchsenschützen[5], die dem Heer großen Schaden zufügten, vor allem denen, die Wasser schöpften und ihre Pferde tränkten. Deshalb ließ der in der Nähe lagernde Graf von Campo Basso einen kleinen flachen Kahn[6] auf einem Karren herbeibringen, durch einen Mann über den Rheinarm rudern und auf die große Insel bringen. Bei Tagesanbruch zog dieser mit einem Seil mehrere Bootsladungen Italiener und Pikarden hinüber, nämlich Armbrust- und Büchsenschützen. Die oben genannten (Neusser) Landsknechte sahen diesem zu und begannen, sich mehr aus

List denn aus Angst in die Stadt zurückzuziehen, wie sie danach bewiesen.

Als von den Italienern und Pikarden ungefähr 60 mit der Fähre hinübergefahren waren, riss durch ein Missgeschick das Seil, was die noch auf der Insel verbliebenen Neusser Landsknechte und die Garnison der Stadt bemerkten. Daraufhin stürmten nach Absprache ungefähr 300 wohlbewaffnete Männer auf sie zu und fielen mit großem Eifer über sie her. Die Angegriffenen sahen, dass es keine Hilfe für sie geben konnte, und wussten auch keinen Zufluchtsort. So verteidigten sie sich heldenhaft und – so wenige sie auch waren – setzten sich mit aller Kraft gegen den Angriff zur Wehr. Sie schossen und luden mit großer Eile, was das Treffen sehr hart und todbringend werden ließ. Schließlich wurden die Italiener und Pikarden auf einer engen Stelle der Insel eingekesselt, wo dann ihr Widerstand grausam gebrochen und ihre Reihen zerschlagen wurden. Um sich zu retten, stürzten sie sich in den Rhein, wo die einen ertranken, die anderen entkamen. Die Landsknechte (der Neusser) riefen einige von ihnen zurück und versprachen ihnen ihr Leben. Doch diejenigen, die auf dem Trockenen angelangt waren und hofften, dass die Deutschen ihre Zusagen einhielten, fielen unter den Spitzen ihrer Schwerter und wurden in Stücke gehauen und jämmerlich getötet.

Bei diesem schimpflichen Gemetzel wurde ein riesiger Mohr mit Namen Christophe mehrmals niedergeschlagen; aber dieser wackere Kriegsmann aus der Gruppe der Italiener erhob sich immer wieder auf die Füße und warf alles zu Boden, was er erreichen konnte. Er wurde schließlich durch die lügnerischen Helfer[7] (der Neusser) gefasst, die ihn dann in die Stadt schleppten. Dort betrachtete ihn jeder wegen seines grausamen Aussehens als auch wegen seiner bewunderungswürdigen Taten. Sie sagten zueinander, dass dies der Feind aus der Hölle sei, und wollten ihn infolgedessen erschlagen. Und so verletzt er auch war, er wehrte sich mit aller Kraft und wurde schließlich als Gefangener in den Windmühlenturm auf den Mauern geworfen. Dann fand er ein Mittel, durch unterirdische Gänge, die er und andere gruben, zu entschlüpfen[8], er als elfter. Als er über die

[3] corne orgueilleuse
[4] Karl der Kühne
[5] couleuvriers
[6] baquet/bac
[7] les sattrappes
[8] wyder

Gräben sprang, erinnerte er sich daran, dass einer seiner Kameraden zurückgeblieben war, und so kehrte er ohne lange zu überlegen um und brachte ihn wie die anderen heil und gesund ins eigene Lager zurück: darüber staunten die von Neuss nicht schlecht.

Als der Graf von Campo Basso nach dem Scheitern seines Planes den schmerzvollen Verlust der Seinen sah und feststellte, dass die Inseln noch weniger in seiner Reichweite lagen als vorher, im Prinzip unangreifbar und außerhalb seines Befehlsbereichs, empfand er großen Ärger in seinem Herzen. Aber der Herzog, dem nichts unmöglich war, bereitete die Eroberung der Inseln in einer anderen Größenordnung vor. Mit tatkräftigem und herrscherlichem Befehl ließ er einen bestimmten Typ von Schiffen herstellen, die er von drei bedeutenden Ordonnanzoffizieren führen ließ. Jeder von ihnen befehligte normalerweise 100 Lanzen und 300 Bogenschützen. Der erste war Josse von Lalaing, Herr[9] von Flandern, ein höchst tapferer Mann, der seiner Familie Ehre machte. Der zweite war Louis, Vicomte de Soissons, ein edler, tüchtiger und tapferer Mann, und der dritte war der wackere Kriegsherr Sire Jacques de Repreuves, Herr von Montsorel. Diese drei führten 500 Fußsoldaten der Ordonnanztruppen mit sich, deren Hauptleute Rousetart, Pierre Perilleux und andere waren. Kühn und voller Kampfgeist überquerten sie wohlgeordnet einen Arm des Rheins im Angesicht ihrer Feinde und vor deren Schwertspitzen. Wie einst Brutus und Corineus die Insel Albion von den Riesen eroberten, so gewannen sie die Insel vor Neuss von den Deutschen, und keiner von denen war mutig genug sich aus der Nähe zu zeigen, um dem schwungvollen und fürchterlichen Ansturm Widerstand zu leisten; dies taten sie nur (von weitem) mit ziemlich verderbenbringendem und heftigem Gewehrfeuer.

Und so setzten sich diese drei tapferen Helden und alle ihre Leute dort fest, das heißt, der genannte Sire Josse und der Vicomte auf der großen Insel und Sire Jacques auf der kleinen Insel. Dort hoben sie eine große Schanze aus und verlegten dahin eine große und eine kleine Bombarde, mehrere kleinere Geschütze, Feldschlangen und andere schwere Artillerie.

---

[9] souverain

Kapitel 2 – Chroniques de Jean Molinet

Damit beschädigten sie die Stadt sehr stark, denn sie beschossen die Mauern auf der ganzen Länge und zerstörten die Bögen des Stadttores jenseits des Flusses, unter denen sich die Belagerten heimlich aufhielten. Als diese das gefährliche Blitzen der Geschütze sahen, retteten sie sich durch unterirdische Schlupflöcher und im Mauerwerk vorhandene Durchgänge in ihre Festung und errichteten (dort) hohe Erdwälle als Schutz.

Zwischen den Inseln und dem Oberkloster gab es ein großes umschlossenes Gebiet, das als Weide diente. Dort bezogen ziemlich nah bei einem großen Ofen 100 Lanzen und 1600 Bogenschützen aus England ihr Lager; ihr Hauptmann war der bereits genannte Sire John Midelton.

Damit ein Lager dem anderen helfen könne, ließ der Herzog zwei bewundernswerte Schwimmbrücken[10] bauen, wovon die eine den Rheinarm überquerte und zum herzoglichen Quartier führte. Auf ihr konnten Wagen, Mannschaften und Pferde passieren, und 300 Fußsoldaten mussten sie Tag und Nacht bewachen. Die zweite Brücke überquerte den anderen Nebenarm, um von den Inseln zum Lager der Italiener zu kommen. Ferner ließ der Herzog aus seinen Ländern Geldern und Holland ungefähr 50 Schiffe kommen, die Martin Fonque auf den Hauptarm des Rheins lenkte, um dessen Besitz und Beherrschung zu sichern. So wurde Neuss zu Wasser und zu Lande belagert und so nah umschlossen und umzingelt[11], dass keine Menschenseele außer bei großer Gefahr für Leib und Leben hinein oder heraus konnte.

[10] ponts de tonneaux et de aisselles
[11] serré

Kapitel 3

Wie der Herzog von Burgund durch Einfallsreichtum und mühevolle Arbeit den Neussern den Rhein und andere Gewässer entriss, die vor der Stadtmauer flossen.

¹ s'esmaye
² devant sa face
³ recoeillèrent leurs esperis

Die Deutschen erfuhren von ihren Kundschaftern, dass Neuss von allen Seiten belagert war und dass auch die Inseln durch vorbildlichen Einsatz gewonnen waren, und wurden von Angst und Furcht befallen. Köln erbebt, Mainz erblasst¹, Trier zittert, Sachsen regt sich auf; alle eilen zu den Waffen, und es gibt in Deutschland keinen geringeren Aufruhr als damals in Rom, als Hannibal die Alpen überquert hatte. Wie eine Zieh-

Kapitel 3 – Chroniques de Jean Molinet

mutter half Köln der Stadt Neuss und schickte jeden Tag alle Arten von Gütern über den Rhein. An ihm nährte sich Neuss wie an einer Mutterbrust, denn alle Lebensmittel flossen auf großen Schiffen bis vor die Tore[2] der Stadt. Aber das Dazwischenschieben der neuen Brücken behinderte und beschränkte die Unterstützung gefährlich. Dies und die mit Dolchen bewaffneten Wachen, die auf jedem Horchplatz zugegen waren, entzogen Neuss nun die mütterliche Nahrung. Wie ein Waisenkind aller köstlichen Speise beraubt, sehnte sich die hungernde Tochter nach ihrer Mutter. Die Kölner indes zogen ihre Späher[3] zurück und griffen mit einem schlauen Vorhaben (die Burgunder) an. In der Hoffnung, die Brücke zwischen der Waid und dem herzoglichen Lager zu vernichten, nahmen sie

Beschießung der Stadt Neuss durch die burgundischen Belagerer aus dem Lager beim Oberkloster aus der Bilderchronik des Dibold Schilling (1513) fol.89a Zentralbibliothek Luzern

Erschließung von Neuss zu Wasser und zu Lande

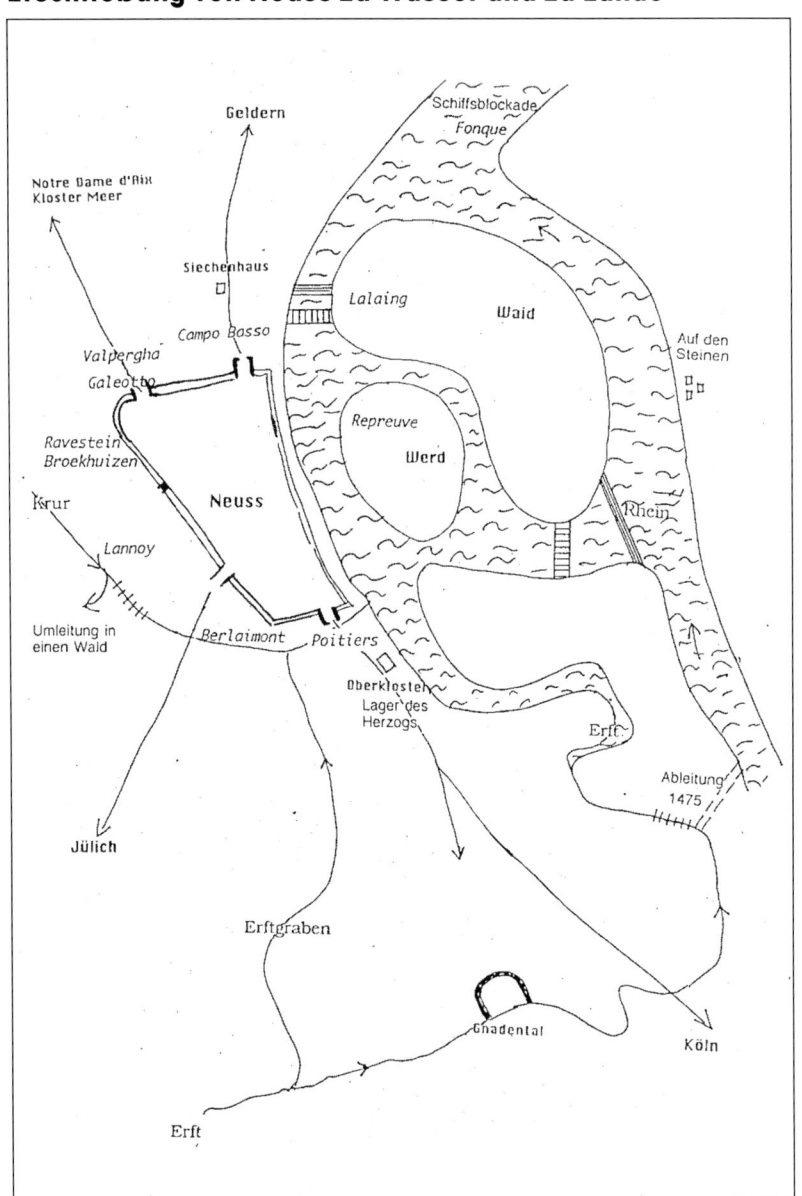

Lageplan der Belagerung der Stadt Neuss

ein altes, großes und breites Schiff, versahen dessen Wände mit einer Erdschicht und füllten es mit Reisig, Pech und Öl. Ohne einen Laut von sich zu geben, lenkten sie es zu nachtschwarzer Zeit unter die vorher genannte Tonnenbrücke, um diese vollkommen zu verbrennen. Und eine große Schiffsflotte mit allen notwendigen Gütern versehen folgte von ferne, um in die Stadt einzulaufen. Aber die Wächter des Herzogs, die einen klareren Blick als Argus hatten – und jener hatte 100 Augen – bemerkten dieses tollkühne Unternehmen, und so kam kein Erfolg zustande. Die Betreiber des Unternehmens kehrten den Rhein hinauf zurück, und die Kampfesfreude war bei allen infolge ihres Misserfolgs abgekühlt. Der Herzog seinerseits sann unermüdlich über die ruhmreiche Eroberung von Neuss nach, und um solchen oder ähnlichen schlauen Unterfangen in Zukunft zu begegnen und damit keine Hilfe mehr zu den Neussern über einen Rheinarm gelänge, ließ er diesen Rheinarm kappen und durch Deichanlagen abdichten. Er beauftragte Jean de Boustue mit dieser Arbeit.

Zunächst wurden alte Boote, Stämme und Äste, Bretter, Mist, Stroh und andere Materialien in großer Menge bereitgestellt und die unterschiedlichsten Truppen zur Ausführung abkommandiert. An einem Tag arbeiteten Pioniere und Versorgungseinheiten, am anderen Edelleute und ihre Diener und an wieder einem anderen Wäscherinnen, Dienerinnen und andere Frauen, die dem Hof folgten. Tag für Tag machte sich jeder dabei nützlich entsprechend seiner Eignung und seinen Möglichkeiten.

Während dieser Zeit zeigten sich die von Köln am anderen Rheinufer mit einem großen Heer, das mit schweren Pulvergeschützen die mit dem Deichbau Beschäftigten heimsuchte. Die von Neuss ihrerseits waren auch nicht müßig. Aber der Herzog, der in eigener Person dabei war, ließ sofort[4] mit Erde angefüllte dicke Rheinfässer und Tonnen aufstellen[5], wodurch die Arbeiter vor aller Gefahr geschützt wurden. Der Damm begann schräg zur Einmündung in den Rhein; der Zufluss war an dieser Stelle ungefähr 800 Fuß[6] (lang?) und war so schnell, stürmisch und so tief, dass eine Lanze keinen Grund fassen konnte. Der

[4] sus bout
[5] les futs des grosses pippes de Rhin
[6] 1 Fuß = ca. 32 cm

erwähnte Damm war 30 Fuß breit und wurde an dem Tag beendet, als ungefähr 1600 – 1800 Frauen dort arbeiteten. Der Ruhm dieses letzten Arbeitstages musste dem weiblichen Geschlecht zugesprochen werden. Es war ein aufwendiges Unternehmen mit großer Wirkung, wodurch der Herzog im Hinblick auf zukünftige Leistungen stark an Glaubwürdigkeit gewann.

Ein nicht genug zu bewunderndes und ähnliches Unternehmen, das zusätzlich unter herzoglichem Befehl ausgeführt wurde, war dieses: ein anderer großer Zufluss[7], der, wie schon erwähnt, aus dem Herzogtum Jülich kam und an dem Kloster vorbeifloss, wurde an den Bögen und Pfeilern einer Brücke verstopft und aufwärts gelenkt; sein Lauf war so stark und so tief, dass er von Natur aus und auf Ewigkeit so zu sein schien, und in der Tat hat er Deiche und hohe und starke Ufer durchbrochen. Er war so mächtig, dass notfalls große Schiffe auf ihm fahren konnten. Und von nun an fließt er in den großen Fluss Rhein weit weg von Neuss, wo man quasi trockenen Fußes seinen früheren Lauf durchqueren kann. Gleichzeitig dazu wurde jenseits des zum Fluss gelegenen Stadttores (Rheintor), wo der Rheinarm und andere Arme und Rinnsale der Flüsse sich zu einem Ganzen vereinen, ein starker und kräftiger Damm gebaut, um den Schiffen die Zufahrt zu verwehren, die (von Norden) in den Hafen vor Neuss einlaufen wollten.

[7] die Erft, deren Flussbett ebenso wie der vor Neuss vorbeifließende Rheinarm aufwendige Verteidigungsanlagen der Neusser im Osten der Stadtmauer überflüssig gemacht hatten.

Kapitel 4

Wie Herzog Karl den Ansturm auf das große Bollwerk der Stadt Neuss befehlen ließ.

Der Stadt war alle Hoffnung auf Hilfe von außen genommen, sie war von allen Seiten belagert, der Zugang über die Flüsse blockiert. Neuss hätte Furcht und Schrecken fühlen müssen; aber als wenn es in seinem Ungemach noch selbstsicherer und hartnäckiger geworden wäre, gefiel es sich im Verlangen nach erneutem Streit und zeigte immer ein hochrotes, zorniges und wütendes Antlitz. Trotz der gefährlichen Angriffsmaschinerie, trotz des Verlustes von Teilen des Verteidigungswerks und trotz der Härte des todbringenden Hungers wollte es seinen Mut weder sinken lassen noch vor Angst erbleichen. Wenn jemals ritterliche Tapferkeit Wohnrecht in einer Stadt dieser Erde fand, in Neuss hatte sie eine ruhmreiche Heimstatt. Keine Stadt war geübter im Gebrauch der Waffen, keine tapferer bei Scharmützeln, keine höheren Mutes bei anspruchsvollen Unternehmungen, und wenn es um ihr Überleben ging, so griff sie sich schnell denjenigen, der nicht das Weite suchte[1].

[1] elle avoit bien qui lui monstroit barbe

Gefangennahme von drei Neussern bei einem Ausfall aus dem Hamtor Holzschnitt aus der Wierstrait'schen Chronik von 1564

Herzog Karl, Sohn des Mars, war damals und überhaupt dem Krieg wohl gesonnen. So war er sehr erfreut, seinen liebsten Zeitvertreib (wieder) gefunden zu haben; es ging ihm jedoch mehr darum, sein Heer bei winterlicher Unbill zu üben und für die Sache seines Verwandten einzusetzen als um ehrgeizige Vermehrung des eigenen Ruhms. So sann er über mehrere Wege nach, um an seine Ziele zu kommen. Auf den Ratschlag des Grafen von Campo Basso hin ließ er aus großen Eichen einen mächtigen halbrunden Belagerungsturm von 30 Fuß Höhe errichten, von dessen höheren Stockwerken man auf die dann ungeschützten Feinde herabschauen konnte. Er ließ ihn 25 Fuß (sic) entfernt von dem großen Bollwerk der Stadt im Lager der Italiener aufrichten und besetzte ihn mit Büchsenschützen und Armbrustschützen, die unablässig schossen. Um das obengenannte Bollwerk zu erstürmen, befahl er, jeder seiner Heerführer solle ihm eine bestimmte Menge von Truppen schicken und diese sollten beim besagten Lager um zwei Uhr nach Mittag erscheinen.

Daraufhin stellten sich zahlreiche kleinere Einheiten und größere Kompanien aus verschiedenen Unterständen und Unterkünften mit ganz unterschiedlichen Standarten und Feldzeichen auf und näherten sich durch unterirdische Gänge, tiefe Hohlwege und künstlich angelegte Laufgräben dem Belagerungsturm des Grafen, wo der Sammelplatz war.

Kapitel 4 – Chroniques de Jean Molinet

Belagerung von Neuss
Holzschnitt aus Conradus Pfettisheim, Geschichte Peter Hagenbachs und der Burgunderkriege, 1477
Dargestellt sind burgundische Belagerer (Andreaskreuz) und Kölner Truppen (Kronen) „auf den Steinen" (ganz rechts)
vorne unten: Das kaiserliche Entsatzheer mit dem Reichsadler. Im Hintergrund die Stadt Neuss; Schäden an Türmen und Toren sind deutlich sichtbar.

Und wie einst die Riesen riesige Gebirge aufeinanderhäuften, um die Götter des Himmels in Krieg zu verwickeln, so schleppten die Angreifer Leitern, Schutzschilde² und eine große Menge von Werkzeugen heran. Der Herzog seinerseits ließ zwei Fässer Wein aufschlagen und gab sie zum Trinken frei, um die Kämpfer zu ermuntern und zu erfrischen; dann ließ er zum Sturm blasen, der zwei lange Stunden dauerte.

Die Leute des Grafen von Campo Basso, deren Feldzeichen ein umsichtiger Kriegsmann namens Barnabo trug, stürmten zuerst los, dann folgten die Engländer und auch die anderen. Als kühne Helden zeigten sie Mut und Tapferkeit, jeder nach Rang und Fähigkeiten. Der Ansturm war verbissen und großar-

² pavois

tig³, aber die Angreifer zogen wenig Nutzen daraus; ihre Leitern waren um 10 Fuß zu kurz. Und die in der Stadt verteidigten sich mit aller Macht, schleuderten auf sie kochendes Öl, heißes Wasser und brennende Reisigbündel. Sie töteten und verletzten eine große Menge von ihnen durch Schüsse, da ihre Schützen auf allen Höhen der Verteidigungsanlage versteckt waren, bis zu einer halben Elle⁴ über dem Boden.

So trafen – um im dichterischen Bild zu bleiben – die Riesen auf Jupiter, der Blitz⁵ und Donner auf sie schleuderte und sie damit in Brand setzte. Als die in der Stadt, die die Mauer hüteten, den Alarm hörten und erkannten, dass der Sturm auf das große Bollwerk befohlen war, zogen sie (einen Teil) ihrer Kräfte dorthin zur Verstärkung ab. Die Belagerer (ihrerseits) richteten auf sie Feldschlangen, grobe und andere Geschütze. Eine dicke Bombarde, die auf der Insel aufgestellt war, erledigte so gut ihre Aufgabe, dass sie – wie man deutlich sehen konnte – soviel Köpfe, Arme, Hände und andere Gliedmaßen der Belagerten durch die Luft schleuderte, wie sie davon treffen konnte, was schrecklich anzusehen war. Es gab (bei den Belagerten) ungefähr 300 Tote oder mehr und genauso viele bei den Angreifern; unter diesen war der edle und waffenbewährte Graf Orsini, ein Italiener, ferner ein wackerer Hauptmann der Engländer, Jacques Averonne, und zahlreiche andere, deren Namen mir unbekannt sind.

---

³ aspre et merveilleux

⁴ alte frz. Elle = 1,188 m

⁵ qui les fulmina

Kapitel 5

Wie verschiedene Kriegsmaschinen hergestellt wurden, um die von Neuss in Kämpfe von Mann zu Mann[1] zu verwickeln.

Wenn Vegetius[2] und andere, ausgewiesene Schriftsteller, die sich in der Kriegskunst auskennen, von militärischen Leistungen berichten, stellen sie bestimmte Maschinen, Instrumente und Konstruktionen in den Vordergrund, wie Türme aus Holz, Schutzdächer[3], Sambucas[4], Wurfmaschinen[5], Stein- und Bleischleudern auf Wagen[6], Steinschleudern[7], Rammböcke[8], Wölfe[9], Katzen[10], Säue[11] und Kraniche[12]. All dies brauchte man früher zum Brechen und Einreißen[13] von Mauern, um über den Feind herzufallen und um ihn im Kampf von Mann zu Mann zu stellen.

Im Lager gab es einen edlen spanischen Ritter aus dem Königreich Kastilien, dem man einen sehr schlauen und hellen Erfin-

[1] main à main
[2] röm. Militärschriftsteller, 4.Jh. n Chr.
[3] vignes
[4] rollende Belagerungsmaschinen mit Sturmleitern oder Plattform oben für ca. 20 Bewaffnete.
[5] bricoles
[6] espringales
[7] martinets
[8] moutons
[9] leups, zum Ablenken des Rammbocks bei den Römern

Ausschnitt aus der **Belagerung der Stadt Neuss durch die Burgunder**

Ölgemälde aus dem 15. Jahrhundert in der Stadt Mechelen (Ausschnitt)

[10] rollende Kriegsmaschinen, mit denen man Wurfanker, gen. Katze, schleuderte.

[11] Art Katapult, das dicke Steine gegen die Mauern schleuderte und gleichzeitig eine Schutzwehr für eine große Zahl von Soldaten bildete.

[12] la grue, Sturmhaken zum Niederreißen von Maueroberteilen

[13] abattre

[14] doctrine des docteurs

[15] barbe à barbe

[16] ouvrier mécanique

[17] à demy droite

[18] mais sy grant habondance d' eaue survint qu'il ne sorty nul effect

dungsgeist zuschrieb. Der Mode der Alten folgend war er ein wirkungsvoller Fürsprecher der Lehre der „Doctores"[14] und ein lebhafter Verfechter von Kriegsmaschinen. Dieser Ritter sprach den Herzog an und zeigte ihm auf einem Papier Abbild und Skizze einer großen, hochaufgerichteten Maschine, Kranich genannt. Er wollte diese in der Absicht errichten, sie bis an die Mauern der Stadt zu rollen, um mit denen von Neuss von Angesicht zu Angesicht[15] zu reden und um ihnen mit scharfem Schwert an den Kragen zu gehen. Der Entwurf und der Vertreter dieser Lehre waren beide reich an schönen Versprechungen und gefielen dem Herzog. Um jenes Werk auszuführen, befahl er darauf unverzüglich, dass alles notwendige Material und alle erfahrenen und einfallsreichen Handwerker[16] dem Spanier seinen Wünschen entsprechend zugeteilt wurden. Lange Zeit arbeitete man daran, diese Maschine fertigzustellen, die schließlich im Lager der Italiener auf vier Räder gestellt wurde. Sie war 20 Fuß lang und 20 Fuß breit, und man konnte 300 Männer darin unterbringen. Sie hatte eine halb hochgezogene Leiter, 45° steil[17] und 60 Fuß hoch, die man wie eine Zugbrücke nach unten herablassen konnte und über die man auf die Mauer steigen konnte. Zahlreiche Leute kletterten in die Maschine hinein, setzten sie in Bewegung und schoben sie auf ungefähr einen halben Bogenschuss an die Stadt heran. Aber plötzlich war da eine so große Menge Wasser, dass sie keine Wirkung hatte[18]. Ebenso wurde im Lager von Jacques Galeotto durch die Zimmerleute des Heeres eine andere Kriegsmaschine in der Art eines Kastells aus Holz gemacht, die auf 24 Rädern rollte und die sie Katze[19] nannten. Aber als man sich daran machte, sie ihrer Bestimmung zuzuführen, brach eines der Räder, und die Maschine war ohne Wert. So brachten weder der „Kranich" noch die „Katze", die mit großen und aufwendigen Kosten hergestellt worden waren, den Gegnern irgendeinen Schaden; sie gaben ihnen vielmehr infolge ihrer Fehlkonstruktion Anlass zu großem Gelächter.

Seit Verwendung des Schießpulvers[20] sind solche Kriegsmaschinen und ähnliche hölzerne Türme, die leicht und schnell verbrennen, nun infolge der täglich wachsenden Leistungsfähigkeit der Artillerie außer Gebrauch gekommen.

Was nutzten die vier „Katzen", die auf vier Booten waren, bei der Belagerung von Aiguillon[21]? Sie wurden von vier Steinschleudern außer Funktion gesetzt, die deren Lenker ins Wasser beförderten. Ebenso wurde eine andere „Katze" vor Breteuil[22] von griechischem Feuer[23] verbrannt.

[19] chat

[20] wörtl.: Seit der Zeit, wo das Feuer, das aktivste der vier Elemente, sich mit dem Schwefel zusammengetan hat, um sich gegen den Salpeter zu sträuben, der sein unverträgliches Gegenstück ist, und von dem Augenblick an, wo dem schrecklichen Blitz und dem furchterregenden künstlichen Donner befohlen wird, Opfer im Tempel des Mars zu sein, der mit Kanonenpulver beweihräuchert wird, seit dieser Zeit ...

[21] Aiguillon, Südwest–Frankreich, 1370 von Guesclin belagert

[22] Breteuil, Nordwest–Frankreich, 1355 von den Engländern belagert

[23] Mischung aus Schwefel, Werg, Kienspan, gebranntem Kalk und Erdöl, aber ohne Salpeter. Sie brannte auch auf dem Wasser und wurde mittels Spritzen in brennendem Strahl versprüht.

Kapitel 6

Wie die von Neuss mehrere Ausfälle und Unternehmungen gegen die Armee des Herzogs von Burgund machten.

Es ist beim Waffengang erlaubt, sowohl mit Klugheit als auch mit Tapferkeit vorzugehen. Die Römer eroberten mehr Provinzen durch List als mit dem (blanken) Schwert. Ebenso nutzte den Griechen vor Troja die Zunge des Odysseus genauso viel wie die Lanze des Achill. Kluger Sinn und rechter Rat belohnen oft die Helden, die das Lehrbuch für Taktik[1], die Listen und Feinheiten des Krieges studieren. Als die von Neuss den harten und heftigen Ansturm gegen ihr Hauptbollwerk ausgehalten hatten, befestigten sie es machtvoll mit großen und tiefen Gräben, so dass man mit keinen Leitern, mit keinem Laufgraben noch sonstwie lehrbuchmäßig den (entscheidenden) Treffer landen konnte[2].

Als der Graf von Campo Basso auf der anderen Seite diese defensive Verstärkung bemerkte, ließ er seine Pioniere nicht

---

[1] expérience

[2] nul eschielis, approche ne touche manuele n'y pooyent attaindre

Kapitel 6 – Chroniques de Jean Molinet

müßig bleiben; vielmehr plante er einen erneuten Angriff[3] und ließ große Erdeinschnitte[4], steile überdachte Böschungen und bestaunenswerte unterirdische Gänge anlegen, um zu diesen Gräben zu gelangen. Auf diese Art und Weise wollte er durch Arbeit und Sachverstand das erreichen, was man nicht mit Tapferkeit und Kampfeskraft[5] gewinnen konnte. Diese großen, tiefen und kostspieligen Stollen wurden von einem flüchtigen Lütticher, der mit einem schlauen Trick in die Stadt überlief, denen von Neuss aufgedeckt. So gruben sie Gegenstollen und halfen damit der plötzlichen und offenkundigen Verschlechterung ihrer Lage ab. Dabei kam es unter der Erde zu harten und schrecklichen Treffen der beiden Seiten, wo starke und kraftvolle Männer umkamen, um die es jammerschade war. Unabhängig davon ließ der Graf noch zwei kleine Bollwerke[6] bauen, womit er den Feinden immer näher kam. Zu dieser Zeit zeigte sich ein Kriegshauptmann der Stadt auf den Verteidigungsanlagen und sagte auf deutsch, er wolle mit dem Hauptmann der Italiener verhandeln. Barnabo, der Stellvertreter[7] des Grafen, war in der Nähe und antwortete ihm, dass er nicht mit ihm sprechen dürfe, ohne das Gebot des Herzogs zu übertreten. Aber in der Hoffnung, dass es um eine wichtige, friedensfördernde oder sonstwie heilbringende Abmachung ging, versprach er ihm, dass er zum Fürsten ginge und diesem seinen Wunsch zu unterbreiten wüsste. Bevor der folgende Tag graute[8], zeigte Barnabo, der nicht das herrscherliche Gebot brechen wollte[9], dem Herzog das Begehren des Ritters[10] von Neuss schriftlich Wort für Wort an. Der Herzog entsandte einige sehr sprachkundige Barone und hohe Herren zusammen mit dem Grafen von Campo Basso an den vorgeschlagenen Ort. Als sie dort zur angegebenen Stunde erschienen, fanden sie den genannten Ritter vor, der sie schon beim ersten Anblick[11] sehr inständig um eine Verschiebung auf den folgenden Tag um ein Uhr nach Mittag bat. Er versicherte, dass die Sache von großem Gewicht sei und dass derzeit der Rat der Stadt weder in der Lage sei, dies richtig zu erkennen, noch fähig sei, etwas dem Brauch entsprechend zu beschließen.

Der Aufschub wurde akzeptiert, Zusicherungen wurden gemacht und für den folgenden Tag ein Waffenstillstand von

---

[3] emprise invasive
[4] rive
[5] à force de bras
[6] bastillon
[7] lieutenant
[8] Lendemain, à 9 heures en la nuit : Zu Zeitangaben und Begriffen wie Mittag = disner s. Anmerkung S. 2
[9] édict
[10] chevalier
[11] de prime face

einer Stunde vereinbart, während der die Unterhandlung stattfinden sollte. Diese Stunde ward lebhaft von mehreren wankelmütigen Waffengefährten herbeigesehnt. Sie waren zu erschöpft, um Waffen zu tragen, ihr Kampfeseifer war von der langen Kriegsdauer abgekühlt, und sie schlugen als Ziel der Unterhandlungen den sofortigen Abzug vor. Als die Stunde gekommen war und Schüsse, Angriffe, Ausfälle, Überfälle und Kriegsgeschrei aufgehört hatten, verharrte jeder ein wenig in seiner Stellung. Dann begannen die Abgesandten nahe beim großen Bollwerk die Gespräche; aber auf einen Schlag strömten die aus der Stadt heimlich durch irgendeinen Gang heraus. In großer Anzahl, machtvoll und wie ein barbarischer Stamm, gereizte Tiger oder beutesuchende Wölfe, stürzten[12] sie sich auf ihre Gegner, die nichts (Böses) ahnten, ohne die Abmachung, Zusicherung oder die Versprechen zu beachten. Und so schlugen sie sie überall nieder, plünderten mehrere Lager der Armee aus, raubten und steckten sie in Brand. Der Graf selbst geriet in ihre Hand, wurde aber sofort von zweien seiner Leute herausgehauen. Einer von ihnen wurde (später) gefangen genommen, und der andere wurde im Kampf getötet. Ein riesiger Aufschrei erhob sich im Heer, und das furchterregende, alles verzehrende Feuer überbrachte Nachricht von diesem verbrecherischen Unternehmen. Daraufhin griffen alle zu den Waffen: Burgunder, Engländer, Brabanter, Flamen, Pikarden, Hennegauer, Lombarden, Namurer und Lütticher. Stark und tapfer wie kleine Löwen leisteten sie alle mit heldenhaftem Mut Widerstand gegen dies Missgeschick und drängten mit großem Eifer und Kühnheit ihre Feinde in die Stadt zurück, welche Feldschlangen und grobe Geschütze mit sich schleppten. Während dieses Geschehens wurde eine große Bombarde, die geladen auf die Stadt gerichtet war, durch die nahebei brennenden Lager derart erhitzt, dass sie alleine und ohne eines Menschen Hilfe aufs Geratewohl schoss. Sie richtete großen Schaden bei den Belagerten an und löste ungeheures Erschrecken bei den Übeltätern[13] aus, die alle froh waren, wieder in ihre Festung zurückzukehren. Als der edle Herzog den furchtbaren Aufruhr hörte, kam er sofort dorthin und erkannte die vorbedachte Hinterlist derer von Neuss, welche unter dem Anschein von Verhandlungs– und Einigungsbereitschaft

[12] charger sur
[13] complices

Kapitel 6 – Chroniques de Jean Molinet

auf sträfliche Weise Streit, Verwirrung und Zwietracht hervorgerufen hatten. Der Schaden war bedauerns- und beklagenswert, denn mehrere tapfere Männer wurden überrascht von der heimtückischen und schamlosen Grausamkeit[14] der Neusser und verloren dabei ihr Leben. Unter ihnen befand sich[15] auch ein adeliger Italiener namens Roisinsacq.

Diese empörende und todbringende Grausamkeit missfiel dem Herzog außerordentlich, und er ließ bei Todesstrafe durch den Strick verbieten, dass jemand den Worten der Neusser Glauben schenke. Vielmehr würde er sie als treulos und als durch Verrat beschmutzt betrachten. Vor und nach diesem hässlichen Treuebruch machten die von drinnen mehrfache Überfälle auf verschiedene Plätze und Lager derer von draußen, und zwar sehr oft und meist zu ihrem Vorteil.

Ausfall der Neusser
Holzschnitt aus der Wierstrait'schen Chronik von 1564

Lange Zeit führte man diese heldenmütigen Scharmützel fort, und hohe und ruhmreiche Waffentaten wurden von der einen und der anderen Seite ausgeführt. Aber keiner im Heer hatte eine Idee, wie man einen aus der Stadt lebendig gefangen nehmen konnte. Da der Herzog sehr wünschte, etwas über den Zustand in der Stadt und über deren Führung zu wissen, ließ er vor der ganzen Armee verkünden: wer auch immer von diesem Tag ab einen von Neuss gefangen nehmen könne, dem gäbe er reiche Belohnung. Es dauerte nur eine kurze Zeit, bis die Neusser in großer Menge entsprechend ihrem Brauch herausstürmten und sich auf die Artillerie stürzten, wo sie ein schweres[16] Pulvergeschütz raubten und auf einem Karren hinwegführten. Daraufhin bemühte sich jeder der Belagerer, den Willen seines Fürsten zu erfüllen. So holten sich die Namurer das genannte Geschütz zurück und fassten auch einen sehr schönen und

[14] férocité = barbarisches Benehmen
[15] demeura
[16] gros

anmutigen jungen Knappen, einen Edlen unter Gemeinen, von dem man sagte, er sei der Sohn des Bürgermeisters. Er wurde dem Vorsteher der Militärpolizei ausgeliefert, um ihn sorgfältig befragen zu lassen; aber er entschlüpfte dessen Händen, man weiß weder wann noch wie.

An einem der folgenden Tage erhob sich großer Wind und schrecklicher Sturm. Währenddessen begab sich ein Hufschmied[17] aus dem Heer nach vorne, um einige Brander in die Stadt zu schleudern, die bald darauf mehrere Häuser und mit Fourage gefüllte Scheunen in Brand setzten. Daraufhin erschraken die Frauen, die kleinen Kinder und Männer mit weibischem Herz über alle Maßen. Sie stießen angstvolle Schreie aus und gaben Jammerlaute und Wehklagen von sich, wie Leute, die denken, sie würden durch Verbrennen hingerichtet und ihrer Todesstrafe zugeführt.

Das Feuer indes wurde durch nicht verweichlichte, sondern mannhafte und beherzte Leute mit großem Einsatz eingedämmt, und es war noch nicht ganz ausgelöscht, als diese selbst den schönsten Teil des Lagers der Italiener in Flammen setzten. Sie verbrannten in weniger als einer Stunde mehr als fünfhundert Unterkünfte. Pferde, Sättel und Zaumzeug, Lanzen, Rüstungen, Lebensmittel, Vorräte und Kriegsgerät wurden in Asche verwandelt.

Daraufhin verbreitete sich in allen Ecken und Enden großes Alarmgeschrei, welches die ganze Armee in Aufruhr versetzte. Jeder begab sich auf seinen Posten. Die Lombarden gaben ihre Aufenthaltsorte, Unterkünfte und Güter dem Feuer preis, das mächtig wütete[18]. Die Schanzen wurden bewacht, die Artillerie wurde vor Übergriffen geschützt, neue Unterkünfte wurden errichtet und die Laufgräben so nahe an die Stadt vorgeschoben, dass man mit Leichtigkeit einen Apfel in diese werfen konnte.

[17] un fèvre
[18] faisait grant devoir

Kapitel 7

Über die bemerkenswerte Ordnung, die der Herzog den Versorgungseinheiten seines Heeres auferlegte.

Ungefähr im November, der Zeit des Reichtums, der Fülle und des Überflusses, in dem Monat, wo mit Hilfe der Ceres die Erde ihre Früchte hat reifen[1] und die Scheunen reichlich füllen lassen, im November, wo die Güter zur jährlichen Bevorratung reichlich in den umliegenden Gebieten eintrafen, in diesem Monat verminderte sich das Heer des Herzogs erheblich um eine große Anzahl von Kriegsleuten und zwar so sehr, dass die Versorgung gefährdet wurde. Angesichts dieser Notlage machten sich wagemutige Kampfgefährten auf eigene Faust auf, um an verschiedenen Orten zu fouragieren. Sie stießen auf harten Widerstand leistende Bauern und wurden häufig in schlauen Hinterhalten und heimtückischen Fallen getötet und erbärmlich verstümmelt. Der Herzog sah, dass dieser Zustand sich wie Krankheitskeime einer Seuche überall ausbreitete, und wollte die körperliche Gesundheit der Unterabteilungen seiner Armee

[1] produire

Einzug eines burgundischen Heeres in eine Stadt mit gepanzerten Reitern, Geschützen, Fußsoldaten und Bagagewagen

Ausschnitt aus einem Holzschnitt von Hans Burgkmair (um 1515) in: Kaiser Maximilians I. Weißkunig, Faksimile-Ausgabe Stuttgart 1956, Bd.2 Tafel 104

bewahren. Deshalb befahl er zwei bewährte Kriegsleute[2] zu sich, die sich durch Kampfesmut und Waffengänge ausgezeichnet hatten, um die Angreifenden anzugreifen und um die sich Erhebenden niederzuwerfen. Einer dieser beiden kräftigen und herrlichen Helden war Messire Olivier de la Marche, Oberbefehlshaber der Garde, ein wackerer und kühner Ritter aus (dem Stamm der) Burgund(er), ein Mann von kleiner Gestalt, aber von großer Klugheit, hochgerühmt an Tapferkeit, reich an Eloquenz und von lebhaftem, durchdringendem Verstand. Der andere war der schon erwähnte Jacques Galeotto. Begleitet von je 100 Lanzen wurden sie durch herzoglichen Befehl zu Wächtern und Schützern der Versorgungstrupps, denen dieser Einsatz den Mut gab, ihre gefahrvollen Unternehmungen fortzusetzen, was letztere dann auch ehrenvoll ausführten.

Eines Tages fanden sie sich mit 4000 Leuten aller Gattungen zusammen und in Erinnerung an wackere Taten beschlossen sie, zur Reichsstadt Köln zu ziehen. Am Ziel beluden sie sich mit

Vorräten aller Art, soviel sie tragen konnten[3]. Die von Köln, groß an Körper und Mut, sahen ihre Feinde die umliegenden Höfe durchwühlen und plündern, wie Leute, die nichts so schnell aus der Fassung bringt[4], und entwickelten in ihrem Inneren große Geringschätzung (für die Burgunder) und plusterten sich mächtig auf. Dann, hinterlistig wie sie waren, stürmten sie wohlgeordnet aus ihrer Stadt mit einer großen Anzahl von Söldnern, ungefähr 6000 bis 7000, um die Beute wiederzubekommen und die Fourageure anzugreifen. Folglich standen dort Mann gegen Mann, die einen gegen die anderen. Entflammt von ritterlichem Heldenmut sah Herr Olivier de la Marche einen möglichen Sieg vor Augen und wollte den Herausstürzenden entgegenstürzen[5] und die Herbeilaufenden zurückschlagen. Aber Jacques Galeotto brachte ihn von seiner Kampflust ab, indem er sagte, es sei sinnvoller, die Fouragetrupps der Befehlsgewalt des Herzogs zu erhalten, als sie durch eine unwägbare Schlacht aufs Spiel zu setzen. In diesem Vorsatz bestätigten sie sich beide und zogen sich in der besten Ordnung, die man je gesehen hat, dank großer Klugheit und weisem Ratschluss auf ehrenhafte Weise zurück. Nichtsdestoweniger verfolgten die Kölner und die Söldner sie so hartnäckig, dass sie Campanel und Rondelet[6] (Dickerchen), Neffen von Jacques Galeotto, gefangen nahmen. Hätte er gewollt, so hätte er sie zurückgewinnen können, aber kriegserfahren wie er war, wählte er in wahrer Umsetzung ritterlicher Ideale von zwei Übeln das geringere, als er beschloss, dass es besser sei, zwei Mann in Gefangenschaft zu lassen als 4000 in große Gefahr zu bringen. Bis zu dieser Stunde hatte der Herzog nicht geduldet, dass man im Herzogtum Berg fouragierte, welches jenseits des Rheins lag und dem Herzog von Jülich gehörte. Dort hatten seine Bewohner alle Güter reichlich, boten ihm jedoch davon weder aus Liebe noch sonstwie etwas an.

Als mehrere, durch den Mangel niedergeschlagene Kampfgefährten sahen, dass ihre Nachbarn so reichhaltig mit allem versehen waren, erging es ihnen wie Tantalus, der vor Hunger vor dem neben seinem Mund hängenden Apfel verging, ohne dass er ihn erreichen konnte. So trugen sie dem Herzog ihre Beschwerden vor, welcher denen (von Berg) durch einen

[2] bras sagitaires
[3] à grande habondance
[4] qui riens ne les amiroyent
[5] assaillier les saillans
[6] Louis de Boucquan

Boten[7] mitteilen ließ, dass er Wege fände, Lebensmittel und Futter mit Gewalt und ohne Geld zu bekommen, wenn sie ihm diese nicht aus Liebe und zu einem vernünftigen Preis lieferten. Bis zu jenem Tag habe er sie in der Hoffnung verschont, bei ihnen freundschaftliche Hilfe zu finden, und er habe erwartet, dass sie ihm von sich aus freigiebig angeboten hätten, was er jetzt durch Befehl einfordere. Jene fühlten sich von einer so starken Hand wie der des mächtigsten Herzogs der Welt bedroht[8], fürchteten in Ungnade zu fallen und führten seinen Befehl aus. Zu ihrer Entschuldigung wiesen sie auf die Plünderer hin, die ihnen hart zusetzten. Der Herzog versprach ihnen, diesem Problem durch Gerichtsmaßnahmen abzuhelfen, so dass sie (vor Plünderern) Ruhe hätten. Er fasste alsdann einen lobenswerten Entschluss, an den man sich immer erinnern wird. Er legte als Handelsplatz eine Stelle am Rheinufer neben dem Deich fest, die den Wünschen der Kaufleute höchst entgegen kam, und ließ in der Mitte des Platzes ein hohes Kreuz errichten, an dem ein Panzerhandschuh und ein bloßes Schwert hingen. Damit tat er allen kund, dass jeder, der es wage, die Handel treibenden Bauern zu beleidigen oder zu verleumden, die Faust verlöre, und wenn er so schlecht beraten wäre, mit bewaffneter Hand vorzugehen, so verlöre er das Leben. Daraufhin kamen über den Rhein Schiffe mit allen Arten von Lebensmitteln und Futter in großer Menge, und die Verkäufer wurden von den Käufern friedlich behandelt, denn Letztere bremsten ihre Raublust angesichts der richterlichen Drohung, die sichtbar vor ihren Augen hing. Als Folge wurden eine Zeit lang die Bedürfnisse der Armee gestillt. Aber die erwähnten Lebensmittel und Futterarten stiegen im Preis. Nothus (der Südwind) entlud seine regenreichen Wasser; Boreas (der Nordwind) brauste mit seinen windumwehten Seufzern und winterlicher Kälte und verstärkte seine Kräfte derart, dass die Gäule der armen Soldaten infolge Erkältung eingingen, während die Streitrosse der hohen Herren in den warmen benachbarten Städten unterstanden[9], was mit großen Kosten und Ausgaben verbunden war.

In Richtung der Kapelle des heiligen Lazarus am Hauptarm des Rheines[10] war ein schöner, großer Erlenwald(?)[11], dessen Holz

---

[7] quelque ung
[8] presséz
[9] séjourner
[10] sur la grosse rivière, Siechenhaus?/Heerdter Busch?
[11] im Glossar: Holzart aus Dänemark: toute de alemarche
[12] villes champêtres, bourgades et hameaux

Kapitel 7 – Chroniques de Jean Molinet 49

sehr gelegen kam, um Unterkünfte, Bollwerke und Vorwerke zu errichten, zusammen mit dem, was man aus Landstädten, Dörfern und Weilern[12] rauben konnte. Denn alles Holz aus Wohnstätten war herausgebrochen. Bäume, Hecken und umliegendes Buschwerk waren abgeholzt, abgesehen von den Gartenanlagen eines Damenstiftes zu Ehren der glorreichen Jungfrau.

Kriegsleute in einem Boot
Ausschnitt aus einem Holzschnitt von Hans Burgkmair (um 1515) in: Kaiser Maximilians I. Weißkunig, Faksimile-Ausgabe Stuttgart 1956, Bd.2 Tafel 139

Die einfachen Kriegsleute waren von langen Wachen gezeichnet, schlecht besoldet, vom kalten Wind zerzaust[13]; ohne ausreichende Kleidung, Lebensmittel und Geld kamen und gingen sie fünf oder sechs Mal am Tag in den allen überlassenen Wald und beluden sich mit Holzbündeln, die sie den anderen verkauften, um ihrem Mangel abzuhelfen und ein ehrenhaftes Auskommen zu haben. So wurde dieser schöne, reiche Wald, der lange Zeit sorgfältig behütet worden war, in wenigen Tagen durch das Los des Krieges total vernichtet[14].

---

[13] assaillis
[14] gaté

Kapitel 8

Wie 500 Mann heimlich in die Stadt Neuss gelangten, um die Belagerten zu „erfrischen".

Die Belagerer machten im Verlauf dieses kühnsten und großartigsten Unternehmens, von dem man je in der neueren Geschichte schreiben wird, edle und mutige Waffengänge. Dabei muss man den gefährlichen Widerstand und die wehrhafte und verderbnisbringende Verteidigung der Belagerten berücksichtigen. Die von Neuss hielten ihrer Bedrängnis stand und mischten kräftig mit einer Menge in Stellung gebrachter Kriegsmaschinen mit. Diese verschossen sowohl Steine wie auch Pulvergeschosse[1], die mehr Entsetzen auslösten als hässliche und schreckliche Donnerschläge. Die Neusser schonten dabei ihre Artillerie nicht, so dass sie sich bald von Kriegsleuten entvölkert und ganz von Verteidigungsmaterialien entblößt sahen. Obwohl sie Kampf– und Feuerkraft eingebüßt hatten und sie ratlos und bestürzt waren wie Kämpfer ohne Arme und Lanzen, schöpften sie in aller Einfalt wieder Hoffnung. Anstatt kleinmütig und verzagt zu sein, wurden sie verwegen und mutig, denn sie beschlossen, sich durch neue Leute frische Kraft zu verschaffen und Mengen von Pulver anzuhäufen, um

[1] pierreux et pulvereux

ihre schweren Verluste auszugleichen. Um dies durchzuführen, wählte Johann von Herperode (Erprath), ein listiger und sehr geschickter Kriegsmann[2], eine wolkenverhangene und ziemlich dunkle Nacht zwischen Allerheiligen und Sankt Martin und ließ sich in die Gräben hinuntergleiten, ohne entdeckt zu werden. Er entkam aus dieser gefahrvollen Situation durch jenes Lager, wo es am wenigsten (wachsame) Augen der Belagerer gab und wo die Nachlässigsten waren. So kam er in das Herzogtum Jülich und die angrenzenden Gebiete, wo er 500 entschlossene Männer[3], stark, schnell und wohlgerüstet um sich sammelte, denen die Kölner jedem eine halbe rheinische „Maille" (Münze) zuteilten; außerdem gaben sie ihnen Säcke mit Salpeter und gewissen Mischungen mit, die für das Abschießen der Hakenbüchsen nötig waren, und woran man großen Mangel litt. Sie versammelten sich eine Meile entfernt vom Heer auf der Burg von Liedberg, wo sie sich aufhielten, um (wie ein Pfäfflein?) die Dunkelheit der Nacht abzuwarten[4]. Als sich dann die Nacht über die Erde gelegt hatte, mischten sie sich unter das Heer und näherten sich einer leeren Stelle, wo

Aufmunterung der niedergeschlagenen Neusser Verteidiger durch Landgraf Hermann von Hessen

Holzschnitt aus der Wiestraitschen Chronik von 1564

später die Lehnsleute einquartiert wurden. Den Belagerten wurden Zeichen gegeben, und im tiefsten Schweigen zogen sie sich in die Festung zurück. Zu eben dieser Stunde machten die Truppen der Stadt zahlreiche Ausfälle, um die Armee abzulenken, damit die neuen Soldaten möglichst heil zum Ziel ihres Unternehmens gelängen. Einer von ihnen jedoch kam vom Wege ab und verirrte sich unglücklicherweise derart, dass er in die Hände seiner Feinde fiel, die ihn festnahmen und ihm Pulver und Salpeter abnahmen. Nachdem er das ganze Geheimnis gelüftet hatte, empfing er seine tödliche Bezahlung entsprechend seinem Verdienst.

Große Festlichkeiten, große Feiern und große Freudenzeichen zeigten die Neusser beim Empfang dieser neuen Ankömmlinge; da sie alle ihre Kraft wiedergewonnen hatten und ihre alte Selbstsicherheit wiederhergestellt worden war, läuteten sie ihre Glocken, ließen Musikinstrumente ertönen und lobten Gott und die Heiligen wegen ihres Glücks und des erfolgreich ausgegangenen Abenteuers.

Als der Herzog über diese Neuigkeiten informiert wurde, war er außerordentlich bestürzt, sowohl über die große Zahl von Leuten, womit sich Neuss heimlich verstärkt hatte, als auch über die Nachlässigkeit der Seinen, die pflichtvergessen[5] in faulem Schlafe schlummerten. Denn, um die Wahrheit zu sagen, Neuss begann zu wanken und hätte kaum länger standhalten können, wenn diese Hilfe an Männern und Pulver die Stadt nicht gestärkt und gestützt hätte. Oh schlechte Menschen, Taube, Pflichtvergessene! Ihr tragt den Makel der Faulheit, seid ohne Sorgfalt, ohne Aufmerksamkeit bei der Wache, langsam und träge. Feiglinge, von denen die Ehre eures Herzogs und das Wohlergehen soviel tapferer und edler Männer abhängt, die durch eure schläfrige Trägheit kläglich ihr Leben verloren haben. An was dachtet ihr bei eurer Tat? Warum horcht ihr nicht aufmerksam auf eurem Posten? Ihr seid der Grund für dieses große Unglück. Die Ursache dieses erbärmlichen Krieges wäre ohne einen einzigen weiteren Schuss beendet gewesen. Neuss war ganz matt nach dem Einstecken so vieler Rückschläge, zerstört durch Kanonenkugeln, gespickt voll grausamer

[2] routier de guerre
[3] hommes de fait
[4] prestolaient
[5] lachement

Pfeile und hätte sich mutlos und schlaff der Gnade eures Herrn und Fürsten ergeben, wenn euer sorgsamer Blick das getan hätte, was ihm aufgetragen war.

Um dieses Missgeschick zu rächen, machten sich Burgunder, Pikarden, Engländer und andere Gefährten aus dem Heer auf den Weg zur Burg Liedberg, wo der genannte Herprode seine Leute hatte sich sammeln lassen. Sie fanden dort eine gewaltige Schutzwehr[6] mit breiten und tiefen, wassergefüllten Gräben und einer Menge Bauern, die diese mit Macht verteidigten. So töteten und verwundeten diese beim ersten Ansturm mehrere der genannten Gefährten. Als jene die Härte des Aufeinandertreffens sahen, nahmen sie einen weiteren Anlauf und gelangten mit großem Einsatz durch die Wälle[7], Gräben und Verhaue. So gewannen sie die gesamte Schutzwehr mit Waffengewalt und machten 300 der genannten Bauern nieder, die tot auf dem Platz liegen blieben. Die anderen wandten ihnen den Rücken zu und flohen in die Festung, um ihr Leben zu retten[8]. Die Sieger plünderten mehrere Dörfer der Umgebung, schlugen alles kurz und klein[9] und kehrten recht vergnügt mit ihrer Beute zum Heer zurück.

Als der Herzog sah, dass die Stadt nicht seinem Willen entsprechend gänzlich eingeschlossen war und dass sich zum großen Nachteil und Schaden seiner ehrenhaften Ziele und ruhmreichen Bestrebungen mehrere unentdeckte und entdeckte Ausfälle bei Tag und Nacht abspielten, rief er per Eilbefehl die adeligen Lehnsleute aus seinen Ländern Brabant, Flandern, Artois und Hennegau zu sich. Auf seinen Befehl hin sammelten sie zusätzlich in mehreren seiner guten Städte eine Anzahl kriegserprobter Handwerker[10]. Alle folgten ehrfurchtsvoll seinem Ruf. Monseigneur de Fiennes (Jacques de Luxembourg) wurde der Oberbefehlshaber der edlen Lehnsleute zusammen mit Monseigneur du Roeulx (Jean de Croÿ) und dem Vogt[11] von Brabant. Andere Hauptleute hatten ein wachsames Auge auf die übrigen und präsentierten sie gemeinsam in schöner und würdiger Ordnung ihrem Prinzen und naturgegebenen Herrn. Dieser empfing sie freundlich und führte sie entlang der Gräben an bestimmte Stellen, wo man sie am nötigsten brauchte,

[6] barrière fortifiée
[7] tranchée
[8] faire le pavais de leur fortresse
[9] mettre à sac
[10] gens mécanicques; Mitglieder von Gilden und Zünften
[11] bailli

Kapitel 8 – Chroniques de Jean Molinet

sowohl im Lager der Lombarden und anderswo. Dort schufen sie ordentliche Laufgräben und Unterkünfte zu ihrem Schutz. Der Herr von Fiennes schlug zusammen mit den adeligen Lehnsleuten sein Lager auf dem leeren Platz auf, von wo die 500 Erwähnten sich in die Stadt hinein geschlichen hatten. So wurde diese also ganz umschlossen und von allen Seiten umzingelt.

Diese guten deutschen Pilgersleute (d.h. die 500 heimlich nach Neuss gekommenen Landsknechte), die neuerdings bei Sankt Quirin angekommen waren, um die innige Verehrung zu zeigen für Mars, den Gott des Krieges, lieferten ihren neu angekommenen Nachbarn mehrere Kämpfe. Sie bedienten sie mit Früchten aus Stein und mehreren seltsamen Mahlzeiten, deren Genuss nur zu tödlich war. Und eben dieselben neu angekommenen Nachbarn aus den guten Städten und Ländern des Herzogs schickten ihnen die bitteren Birnen der Angst zurück, die in Schießpulver eingemacht waren. Unter diesen (Nachbarn) erwarben die aus Mechelen Ruhm und Ansehen, denn sie waren 60 wackere Männer, gut in Schuss, schnell bei den Waffen, die Ersten an den Verteidigungsanlagen, stets bereit zuzuschlagen[12], stets in der Lage und willens, einen großen Empfang zu bereiten. Sie bekamen jeder 6 kleine Silbermünzen[13] pro Tag zu Lasten der Stadt und der Zünfte. Sie gaben diese Münzen nach ihrem Gutdünken[14] mit Leuten aus, die es wert waren, und hielten ein offenes Haus und einen ehrenhaften „Stand"[15] entsprechend ihrer großzügigen Verhältnisse.

---

[12] prochains aux horions
[13] patard = kleine silberne Scheidemünze
[14] gracieusement
[15] états

Kapitel 9

Die Prachtentfaltung[1] im Lager vor Neuss.

Das Lager vor Neuss war das bewundernswerteste und aufwendigste Ereignis, das je zu unserer Zeit gesehen wurde. Sachverstand, Ausnutzung von Erfahrung und vorbedachte Planung haben so sehr bei seiner vorzüglichen Anordnung mitgewirkt, dass weder die alten, in Militärdingen oft empfohlenen Doctores, noch die modernen, in der edlen Kunst der Kriegführung[2] erfahrenen Heerführer[3] dabei einen überholten Lehrsatz oder einen von der wahren, gerechten und angemessenen Lehre abweichenden Punkt hätten finden können. Unter Berücksichtigung von Ort, Jahreszeit, Zahl der Verteidiger und Stärke der Angreifer[4] waren Lager, Gräben, Gewerke und Unterkünfte gut angeordnet. Sie entsprachen den Anforderungen nach Bequemlichkeit, Schirm und Schutz der Belagerer. So konnte man sowohl den Belagerten großen Schaden und Nachteil zufügen, wie auch einen Ausfall zurückschlagen. Was man auch immer begehrte oder wünschte, man hätte es nicht besser machen können.

Das Heer war eindrucksvoll gesichert durch schöne, breite und tiefe Gräben; es gab Zugbrücken und befestigte Eingänge, welche den Angehörigen (des Heeres) Zugang gewährten und bei Tag und Nacht gegen heimtückische Verschlagenheit und unglückbringende Feindseligkeit bewacht wurden.

[1] la magnificence
[2] art sagitaire
[3] ducteures
[4] invadeurs

Kapitel 9 – Chroniques de Jean Molinet

Der hübsche Markt[5] und die schönsten Einrichtungen dieser Armee lagen auf der Seite nach Köln hin und schlossen sich an das Lager des Herzogs an, wie Planeten ohne eigene Leuchtkraft (einem Stern folgen), um etwas Licht einzufangen, das sie dann zurückwerfen. Inmitten der Marktstraßen und anderer kleiner Quergässchen, wovon es eine große, geometrisch angelegte Anzahl gab, lag ein großer und weiter Marktplatz, wo alle Waren und Lebensmittel in großer Menge ankamen. Ein Marketender[6] kam dort einmal mit fünf Karren voller Waren an und errichtete seinen kleinen Laden, der ebenso ausstaffiert war wie in Brügge oder Gent. Es gab auf diesem Platz alle Arten von Handwerkern sowie Großhändler, Tuchhändler, Fischhändler, Fleischhauer, Schneider, Gamaschen- und Strumpfhersteller, Schuhmacher, Kappenmacher, Bartscherer, Zimmerleute, Messerschmiede, Händler für Hieb-, Stich- und Schlagwaffen[7], Küfer, Krämer, Handlanger, Laternenbauer, Kerzenzieher, Quacksalber[8] und Zulieferer aller Dinge, derer der menschliche Körper bedarf. Und alles zu vernünftigem Preis und ebenso reichhaltig wie in der besten Stadt dieses Landes.

Der Lagerprofoss (Vorsteher der berittenen Lagerpolizei) hatte dort seinen Platz bezogen, um Recht zu sprechen, und sorgte auf direktem und rechtmäßigem Weg für Recht und Ordnung im Heer. Es gab einen weiteren Markt im Lager der Italiener, wo es auch an nichts mangelte, und jeder der beiden Märkte hatte seine Metzgerei und seinen besonderen Heu- und Hafermarkt. Im Hinblick auf Gebäude und Unterkünfte waren sie, wie es in diesem Fall ersichtlich ist, wunderbar reich und wohlgefällig. Jedermann hatte mit schönen Zelten und reichverzierten Pavillons eine seiner Vorstellung und den finanziellen Fähigkeiten entsprechende Wohnstatt erbaut oder errichten lassen, was diese prächtig ausgestattete Lagerstadt[9] sehr schmückte. Vereinzelt gab es auch verbundene Zelte und Zwillingszelte[10]. Von diesen Unterkünften hatte der Herzog 900 auf eigene Kosten dorthin transportieren lassen. Es gab dort höchst aufwendige Behausungen unterschiedlicher Art, errichtet in wunderbarer und solider Handwerkskunst, wie um dort auf immer zu bleiben. Die einen erbaut wie zur Zierde in Form eines Schloss-

---

[5] bourg plaisant
[6] apothicaire
[7] Im Text pyonnier = Schanzsoldat ergibt in dieser Aufzählung, insbesondere nach couteliers, keinen Sinn. M.E. handelt es sich um ein verderbtes, italienisch beinflusstes plommier (piombo = Blei); la plommée war eine durch Zusatz von Blei schwer gemachte Nahkampfwaffe, wie Bleikeulen oder Katzbalger (= kurzes Landsknechtsschwert).
[8] chavetier
[9] fabrique
[10] entrelachiéz et semméz chà et là

Belagerung der Stadt Neuss durch die Burgunder

Ölgemälde aus dem 15. Jahrhundert in der Stadt Mechelen (Ausschnitt)

turms mit Galerie und Rasen, die anderen wie zur Verteidigung mit Zugbrücke und tiefen Gräben.

Die einen waren gemauert und angestrichen, mit hübschen Fensterrahmen und verglasten Fenstern; die anderen, die geringeren, mit Wänden aus Lehm, ruhten wie Käfige auf großen gegabelten Pfählen. Die einen wie die anderen hatten Wohnräume und Küchen und die meisten Backsteinöfen. Es gab Backöfen, Wasser-, Wind- und Handmühlen, Ballspielplätze[11], Boulespielplätze und Schießstände zur Zerstreuung der Kameraden und einen großen, starken Galgen zur Hinrichtung der Missetäter. Es gab Garküchen[12], Kneipen, Schänken, Badehäuser, Herbergen[13] und Brauhäuser. Die Sakramente der Heiligen Kirche wurden dort allen ausgeteilt, die ihrer bedurften. Kinder wurden getauft, Heiratsverträge wurden dort abgeschlossen und ebenso großartig gefeiert wie in einer richtigen festen Stadt. Die einen schritten zur Rechten ihrer Gattin zu großen Vergnügungen, wobei sie beim Ertönen der klangvollen Lieder und Hörnerklänge ihre Freude zeigten. Die anderen begleiteten ihre gestorbenen und eingesargten Freunde in großem Leid, umgeben von Leuten, die Zeichen von Trauer trugen, von Tränen benetzt waren und erbärmlich wehklagten. Die einen fühlten sich wohl, führten einen guten Tisch und zerstreuten sich in Vergnügungsstätten und die anderen, verwundet und halbtot, führten mitleiderregende Klagen und Seufzer im Munde und erwarteten die Stunde Gottes. Der eine schrie: „Der König (der Trinker) trinkt auf sein Königreich!", der andere schrie: „Jesus sei dir der wahre Seelenführer!" Jener rühmte sich, sicherer zu sein als im Schutz[14] seiner Freunde, und stürzte bald darauf in die Schlingen[15] seiner Feinde. Man konnte dort die Narreteien und Vorspiegelungen der Welt beobachten und sehen, wie unterschiedliche Personen[16], die in einem einzigen Heer eingebunden waren, unterschiedliche Sehnsüchte hatten, teils hervorgerufen durch Freude, teils durch Trauer. Es war ein missfallendes Gefallen, eine erfreuende Unfreude, eine Wonne voller Schreie, ein Geschrei[17] vermischt mit Lachen, ein jammervolles, lautes Gelächter und ein fröhlicher Jammer.

Klänge von Tuben[18], Trommeln, Hörnern, Trompeten, Flöten, Dudelsäcken und Schalmeien durchdrangen melodiös die Luft und erzeugten eine so erfreuliche Harmonie, dass sie alle Melancholie auslöschten, neue Freude weckten und alle missgestimmten Herzen dorthin emporhoben, wo vollkommene Freude wohnt. Vor allem im Lager des Herzogs gab es zu festgesetzten Stunden den allersüßesten Klang[19], der so sehr dem Ohr gefiel, dass er eher göttlich denn menschlich war und das Lager ein Paradies auf Erden zu sein schien. Und wie Orpheus die Tore der Unterwelt mit dem Klang seiner Harfe aufbrach, so besänftigte die Klangvielfalt dieser musikalischen Instrumente die groben Umgangsformen der rauhen, schwertgeübten Gesellen[20] und brachte Gegensätze durch ihren lieblichen Wohlklang zum Verstummen.

Herzog Karl, die Ehre des Abendlandes und der Gefürchtetste der ganzen Erde, verhielt sich tugendhaft wie ein echter Ritter[21] bei dieser Belagerung und gedachte seines Seelenheils[22].

---

[11] jeux de paulmes
[12] forges
[13] hostellerie
[14] bras
[15] las
[16] coeurs
[17] cri – ris
[18] tube = Rohr, nicht mit der heutigen Tuba zu verwechseln
[19] noise
[20] mitiguoit l'amer des ruddes coeur saxonnois
[21] vertueusement
[22] profit salutaire

Jeden Tag nach seinem Aufstehen hörte er als wahrer Kämpfer[23] der Heiligen Kirche vor jeder weltlichen Beschäftigung und jeder Tat seine üblichen Messen, und da er sich vertrauensvoll in die Hand Gottes begab, der alleine Verleiher von Siegen ist, wollte er nicht seine Andachtsübungen wegen irgendeines noch so unangenehmen Hindernisses unterbrechen. Nachdem er dem himmlischen Lenker seine Sache ganz anvertraut hatte, beeilte er sich, seine Dinge voranzutreiben, um die Früchte seiner täglichen Mühen zu ernten. Nie gab es einen härter arbeitenden Herzog unter dem Himmelszelt, nie gab es jemanden mit ruhmreicheren Unternehmungen, nie einen seiner Sache Gewisseren, nie einen Fleißigeren auf dem Felde[24]. Er allein hatte die hohen Ziele[25] von Alexander und die Klugheit von Cäsar. Die Sorgfalt der Semiramis war in ihm wieder erweckt. Er eilte innerhalb eines Augenblickes von einem Lager zum anderen, eine Stunde trieb er die Erdauswürfe voran und eine Stunde später befand er sich in den Stollen. Er entschied über die Rammpfähle, er trieb den Bau der Schanzen voran, er sagte den Holländern, was zu tun sei, er beriet die Lombarden, er machte den Engländern Mut, er spornte die Pikarden an, er gebot den Ordonnanzen, er gab der Wache Befehle, er kontrollierte[26] Edelleute und Lehnsmänner und er ließ die Mitbewohner seiner persönlichen Unterkunft sooft aufwecken, dass sie nicht Muße zu langem Schlafen hatten. Er selbst schlief immer nur halb und die meiste Zeit mit offenen Augen, wobei er der hohen und edlen Eigenschaft der Löwen folgte, für die er auf dem ganzen Erdenrund bekannt war. Er folgte nicht der Eigenart irgendwelcher Fürsten der Alten wie David und andere, die ihre Heerführer damit beauftragten, große und kleine Städte zu bestürmen, und die sich erst bei der Einnahme der Stadt einfanden, um den Ruhm der Eroberung ernten zu können. Als leuchtender Spiegel der Ehre, als Vorbild hervorragender Tapferkeit, als sichtbares Ziel für die zahlreichen Bogenschützen, als Treffpunkt ihrer schrecklichen Pfeile stellte er sich vielmehr an die Spitze des Angriffs, als erster beim Ausmarsch, als letzter beim Rückmarsch[27]. Er tat dies nicht aus anmaßendem Dünkel, sondern um die Seinen zu eifrigem, furchterweckendem und vortrefflichem Verhalten anzuspornen. Deshalb, so

[23] champion
[24] laborieux aux champs
[25] vouloir
[26] gardait
[27] estour / retour

sagt man, ist die Anwesenheit dieses tüchtigen Fürsten ebensoviel wert wie die von 10.000 anderen aus seiner Provinz.

Gideon, Richter von Israel, Rute Gottes, gefürchtete Faust und Züchtiger Midians[28] sagte zu seinem einfachen und in Kriegsdingen ungebildeten Volk: „Macht, was ihr mich machen seht." Herzog Karl, Fürst ohne Furcht, Gleicher ohne Gleichen[29] und Schirmherr der Tapferen, bereitete ebenso (wie Gideon) in eigener Person seine Schlachten vor, belehrte seine Hauptleute und marschierte genauso weit vorne wie der kühnste seiner Vasallen.

Haltet ein, ihr Erforscher der Wunder dieser Welt, die ihr die bedeutenden und kühnen Männer aus den alten Geschichten aussucht, um unsere Erinnerung daran wieder aufzufrischen, haltet an voller Bewunderung, bedenkt, wägt ab, deutet erneut und ermesst[30], ob dieser berühmte und mannhafte Herzog nicht würdig ist, einen prachtvollen Platz zwischen den Bedeutendsten dieses Zeitalters einzunehmen. Ihr legt dabei eure unförmigen Ungeheuer und schrecklichen Riesen auf die Waagschale, die sich auf die Größe ihrer Körper, auf die Schlagkraft ihrer Arme und die grausige Wirkung ihrer geschleuderten Baumstämme[31] verließen. Aber wenn sie in ihrer Zeit das schrecklich wütende Gedröhne gehört und (den Schwefeldampf) der hässlichen feuerspeienden Steine gerochen hätten, mit denen der Herzog und die Seinen mehrfach bedient wurden und auf die sie in zahlreichen Kämpfen[32] gestoßen waren, hätten sie sich ganz durcheinander und verwirrt gefühlt und wären bereit gewesen, die Waffen fallen zu lassen[33]. Die Kraft des Körpers würde ihnen nicht helfen, der Glanz[34] der Tapferkeit wäre in ihnen erloschen, so groß ihre Reichweite und ihre Körper auch gewesen wären.

Ihr sprecht vom mächtigen König Xerxes, dessen Heer so groß war, dass er die Flüsse durch die Menge seiner Pferde aussaufen ließ. Sprecht nun von unserem mächtigen Herzog, der durch Arbeit von Händen die Wasser aus ihrem natürlichen Lauf umleitet, der Böden trockenlegt, welche große Flüsse trugen, der andere unter Wasser setzt, dort, wo niemals ein Rinnsal

[28] Kamelnomadenverband aus der syrisch–arabischen Wüste. Die Midianiter werden von Gideon um 1100 v. Chr. in das Gebiet östl. vom Jordan zurückgetrieben. Mit 300 Soldaten soll Gideon 15.000 Midianiter besiegt haben.

[29] Wortspiel – prince sans peur, per sans per, patron des preux

[30] pensez, pesez, contrepensez et compassez

[31] bâtons

[32] orages

[33] renoncer aux armes

[34] la fleur

gewesen ist, und der ihrem Lauf eine derartige Tiefe gibt, dass er ursprünglich und nicht künstlich angelegt zu sein scheint. Was soll ich noch mehr sagen? Er hat einen stürmisch fließenden Fluß von 500 bis 600 Fuß Breite (160 – 195 m breit) und eineinhalb Lanzen Tiefe umgeleitet.

Ihr bezeichnet Hannibal, den Heerführer von Karthago, den Demütiger der sieggewohnten Römer, als einen Mann von großer Kühnheit, weil er die noch nie bewohnten Alpen überquerte und die Felsen durch wundersame Einschnitte durchbohrte. Gebt den Titel „der Großmächtige" an Karl, den Herzog von Burgund, den Vernichter hochmütiger Rebellen, welcher der Natur seinen Willen aufzwingt! Er hebt die Schwerkraft der Steine gegenüber dem Himmel auf, erniedrigt die erhabene Höhe der Gebirge, erhöht die Tiefe der Täler, verbindet das Feuer mit seinem Gegensatz[35], setzt die Luft mit heftigen Explosionen in Bewegung, trennt das Wasser durch Widerstand leistende Deiche und durchdringt die Erde mit geheimen Stollen, in denen er sich in eigener Person verbirgt und sich zur selben Zeit unter den Füßen seiner Feinde befindet.

Nicht zu Unrecht schmückt ihr den höchst heiligen Kaiser Konstantin mit dem Siegeskranz, weil er am Ufer der Donau unter dem Zeichen des Kreuzes, an dem Gott die Passion erlitt, den wortbrüchigen Gewaltherrscher Maxentius bezwang, der sich mit ruch- und treulosen Mordknechten[36] zusammengetan hatte. Krönt nun mit Lorbeer diesen außerordentlich starken und mutigen Löwen! Am Ufer des Rheins hat er im Namen Gottes, des Heiligen Georg und durch die Kraft[37] des Sankt-Andreas-Kreuzes, dessen Zeichen er trug und das ihn schützte, mit wenigen eigenen Leuten und geringen Verlusten in ordentlicher Feldschlacht durch bewundernswerte Heldentaten den erhabenen und hoheitsvollen Adler des Kaisers besiegt, dem die ganze Macht Germaniens zur Seite stand. Das wird in folgender Geschichte offenkundig.

Nicht nur in vergänglichem, kurzem, irdischem Ruhm oder in gedeihlichem Glück erstrahlte das Licht seiner Erhabenheit[38], sondern in ihm flossen kostbare und heiligste

[35] incompatibel
[36] barbarin
[37] vertu
[38] haute sérénité

Kapitel 9 – Chroniques de Jean Molinet

(Charakter–)Anlagen zusammen, so dass er zu den höchsten Gipfeln der Glückseligkeit gelangte. Diese waren das Saatkorn unvergleichbaren Heils, die Wurzel unschätzbarer Ehre, der Stamm[39] seliger Gnade, der Baum vielfarbiger, wohlduftender, fruchtbringender und in große Höhen ragender Tugend[40], dessen Blüte, Frucht und Blattwerk die Würze[41] himmlischer Glückseligkeit in sich trugen. Als er vor seinem geistigen Auge mehrere Werke antiker Geschichtsschreiber umblätterte, deren Inhalt er seinem Gedächtnis eingeprägt hatte, stellte er fest, dass viele mächtige Königreiche samt ihren Herrschern in einen bedauernswerten Verfall gerieten, weil die königliche Hoheit durch zu große Hinwendung zu den gefälligen und törichten Freuden des weiblichen Geschlechtes geschwächt[42] wurde. Da er wusste, dass der starke Samson davon entkräftet, der heilige Prophet David beschmutzt und unrein, der weise Salomon einfältig[43] und närrisch wurde, entsagte er aller ungezügelten Wollust und pflegte die gottgefällige Keuschheit. Er war weder zu sehr der Welt zugetan, noch zu einsiedlerisch, sondern menschlich und in allem wohltuend. Er war nicht dem langen Schlaf zugeneigt, sondern fleißig und voller Pflichterfüllung; nicht den vergänglichen Äußerlichkeiten zugetan, sondern den beständigen Werten[44], nicht zugeneigt der schlüpfrigen Begierde, sondern der gesunden Enthaltsamkeit, nicht der schädlichen Trunksucht, sondern der lauteren Nüchternheit. Denn unmäßig genossener köstlicher Wein schafft Genusssucht, Genusssucht schafft Abhängigkeit[45], Abhängigkeit Sünde und Sünde den Tod. So bekämpfte und unterwarf er durch die Kraft des Körpers und der Seele, durch äußere Stärke und innere Tugend[46] seine sichtbaren und unsichtbaren Feinde, dieser hochberühmte und mannhafte, den Scipionen gleiche Herzog. Nach langen Nachtwachen, harten und schrecklichen Kämpfen kehrte er in sein Logis zurück und stellte hochgemut sein körperliches Wohlbefinden wieder her, wie es sich geziemte. Viele unbedeutende Kriegsgefährten, arme Bittsteller, nackt und frierend, die keinerlei Geld besaßen, weil niemand ihnen welches gab, lebten in der gleichen großen Enthaltsamkeit, aber nicht freiwillig, sondern aus Notwendigkeit. Entgegen der Lehre des Plutarch, der da sagt, dass ein leerer Magen gegen hungrige Helden kämpft, die dann

[39] estoc
[40] vertu
[41] saveur
[42] énervé
[43] idiot
[44] vaine mondanité – saine mondicité
[45] consentement
[46] vertu

oft dem Herrn fehlen, der die Nahrung vorenthält, entgegen dieser Lehre erfüllten sie treulich ihre Pflicht bei Angriffen und Scharmützeln und wandten sich niemals zur Flucht.

Vegetius rät den Fürsten, dass es besser sei, seine eigenen Kämpfer das edle Waffenhandwerk zu lehren, als Fremde in Sold zu nehmen. Nun dienten dem Herzog, der dazu seine Geldstücke verwandte, Lombarden und Engländer, die sich sehr einsetzten. Aber warum er von allen Völkern gefürchtet und gescheut wurde und warum Himmel und Erde ihn mehr begünstigten als jeden anderen, lässt sich damit erklären, dass er den Vorzug[47] hatte, über die Empfehlungen der Philosophen noch hinauszugehen.

Nach der Wiederherstellung der körperlichen Kraft brachte er seine Seele ins Gleichgewicht und benutzte seine Tage nicht in närrischer Sinnlosigkeit oder bei weltlichem Schauspiel, sondern zur (Lektüre) der Heiligen Schriften und erbaulicher und empfohlener Geschichten. Besonders widmete er sich der Kunst der Musik, die er mehr als jeder andere liebte[48], und nicht ohne Grund. Denn Musik ist der Widerhall des Himmels, die Stimme der Engel, die Freude des Paradieses, der Geist der Luft, das Organ der Kirche, der Gesang der Vögelchen, die Vertreibung der Teufel und die Stärkung[49] aller traurigen und Trost suchenden Herzen. Wie König Karl der Große jene Kunst zu seiner Zeit geehrt hatte, indem er kundige Musiker aus Rom herbeirief, um die Musiker aus Frankreich in der richtigen Tonkunst zu unterrichten, so verpflichtete Herzog Karl die berühmtesten Sänger der Welt und unterhielt eine Kapelle, die mit solch wohlklingenden und angenehmen Stimmen besetzt[50] war, dass nur die himmlische Glorie größeres Entzücken hervorrief. Was erwartet ihr sonst noch von dem Leben im Lager vor Neuss? Dessen Großartigkeit wird von allen so hoch eingeschätzt, dass meine rauhe Feder nicht genügen könnte, den hell schimmernden Glanz zu beschreiben. Demütige Bitten wurden dort erhört, Wohltaten[51] dort erlangt. Angezogen durch den Strahl des kostbaren herzoglichen Steins[52], der über alle Klimazonen hinweg hell leuchtete wie der Stern der Epiphanie, begaben sich die ruhmreichen Fürsten der

[47] privilège
[48] amoureux
[49] récréation
[50] étoffée
[51] benefice
[52] gemme

Kapitel 9 – Chroniques de Jean Molinet

Erde dorthin oder schickten ehrende Gesandtschaften, um ihm Herz, Leib und Besitz anzubieten. Der König von Dänemark und Norwegen, begleitet von seinem Bruder und im einfachen Pilgergewand, wurde dort genauso prächtig empfangen wie in Brügge oder in Gent. Bei seiner Ankunft ließ der Herzog reichgeschmückte Zelte und Pavillons aus golddurchwirktem Stoff und Velours errichten und ihn und die Seinen durch den sprachgewandten und redegewaltigen Grafen von Chimay und andere hohe Herren und sonstige (adelige) Höflinge[53] in allen Ehren feiern, worauf diese sich gut verstanden.

Dieser König von Dänemark sah den Zwist zwischen dem Herzog und den Deutschen und die mögliche Schaden und Schrecken bringende drohende Gefahr, die daraus folgen konnte. Er bemühte sich, die Parteien zu befrieden und hielt sich deshalb eine lange Zeit in Listreby[54] auf, in einer kleinen Stadt jenseits des Rheins, zwei Meilen von Neuss entfernt, wohin der Kanzler und Guy de Brimeu (Graf von Meghe und Herr von Humbercourt) oft gingen. Zusammen erarbeiteten sie etliche Friedensverträge, die nicht wirksam wurden.

Monseigneur Antoine, der Bastard von Burgund, kam ebenfalls ins Lager. Er inspizierte den Belagerungsring von einem Ende bis zum anderen, und auf seinen Rat hin wurden zwei Feldschlangen mit einer Lafette versehen und an einem Ort eingesetzt, von wo aus sie die Stadt intensiv bearbeiteten. Dann nahm er Abschied von seinem Bruder, dem Herzog, und reiste weiter zum Königreich Neapel.

Der König von Ungarn schickte damals seinen ehrwürdigen Hofprediger[55] zum Herzog, um ihn zu bitten, Schiedsrichter im Zwist zu sein, den er mit dem König von Polen wegen des Königreichs Böhmen hatte. Andere Botschaften aus fernen und nahen Ländern, aus Frankreich und England, kamen dort an, wovon im folgenden berichtet wird.

[53] mignons
[54] vermutl. Lichtenbroich, nördl. Stadtteil des heutigen Düsseldorf
[55] orateur

Kapitel 10

Wie gegen die Vorwerke[1] von Neuss mit heldenhaftem Mut angestürmt wurde.

Es wäre zu weitschweifig und würde zu sehr die Hör- und Aufnahmebereitschaft der Zuhörer belasten, in ganzer Länge die Ausritte, Überfälle, Ausfälle, Hinterhalte, Streifzüge, Zusammenstöße, Scharmützel, Treffen, Angriffe, Einnahmen und ruhmvollen Unternehmen darzustellen, die beide Seiten während dieser Belagerung vollbrachten. Es genügt mir, kurz einige bewundernswerte Taten anzusprechen. Sie sind es wert, gelobt und im Gedächtnis behalten zu werden.

Eines Tages machten sich ungefähr 60 edle[2] Mitglieder der Wache auf, die gut „in Schuss" waren, um ihr Kriegsglück auf dem Land zu suchen, und so kamen sie dann bis vor Zons[3], einem Städtchen zwischen Neuss und Köln. Die Truppen, die es bewachten, fielen über sie her, davon ungefähr 100 in geschlossener Reihe zu Pferde und 150 zu Fuß, aber sie wurden rüde in ihre Stadt zurückgeworfen. Es blieben dabei 20 ihrer Leute tot auf dem Feld liegen. Zusätzlich gab es 10 Gefangene und meh-

[1] bastillons
[2] gentils
[3] Zone

rere Verletzte, unter diesen der Sohn des Herrn von Sombre und der Sohn des Grafen von Vernembourg, welche grausam verletzt waren. Daraufhin raubten die Kameraden die Toten im Angesicht ihrer Feinde aus. Auf diese Weise kamen sie noch zu 500 Goldstücken[4] und ohne jeden Verlust kehrten sie erfreut über ihre Beute zur Belagerung zurück.

Die Neusser waren außerordentlich stolz[5] auf ihr großes und mächtiges, von Gräben verstärktes Bollwerk, das an dem Tor zur Abtei lag (Obertor). Von dort brachten sie wie von sonst nirgendwo so großen Schaden über die Belagerer, und zwar durch ihre Ausfälle und ungewöhnliche Hinterhalte wie auch durch die furchtbaren Pulvergeschosse, mit denen sie ihre Nachbarn aufweckten. Aber Messire Philippe von Poitiers, Herr von La Ferté, aus altem Adel und von Heldenmut, ein wackerer Kriegsherr, griff sie (die Neusser) mit mehreren starken und kühnen Rittern äußerst heftig, unnachgiebig und schrecklich an. Infolge seiner Stärke und Gewalt vertrieb er sie kraftvoll aus ihrem Befestigungswerk und den Gräben, wobei er ihre Wassermühlen völlig zerstörte[6] und dem Boden gleich machte.

Der Angriff war hart und bewundernswert. Mehrere ruhmvolle Taten stachen bei diesem Waffengang besonders hervor. So führte sich dabei der Herr von La Ferté sehr tapfer auf, und seine Leute machten es ihm nach. Sie leisteten so gute Arbeit, dass sie die Gräben um das Befestigungswerk herum gewannen. Aber daraufhin verstärkte sich der Beschuss durch die Belagerten derart, dass die Angreifer die erwähnten Gräben[7] wieder preisgaben. Dabei verloren mehrere edle Männer tapfer ihr Leben. Statt Ehre zu gewinnen, wurden sie vom Unglück des Kriegs getroffen. Die Neusser hatten beim Lager der Lombarden ein anderes großes und starkes Festungswerk[8]. Dies war ein außergewöhnlicher Zufluchtsort, auf den die Neusser ihre ganze Hoffnung setzten und der ihre Sicherheit garantierte. Von dort griffen sie wohlbewaffnet in großen Mengen öfter als von anderswo an; zum einen, um den andrängenden Angreifern zu widerstehen, zum andern, um selbst die feindlichen Vasallen[9] zu überfallen. Aber die Mauern dieses Verteidigungswerkes wurden beschädigt und fielen zusammen, kippten in

[4] moutons (d'or)
[5] se tenaient moult orgueilleux et fiers de leur......
[6] dechiréz
[7] trenchis
[8] bastillon
[9] assaulx traversaires – vassaulx adversaires

die Gräben, versanken[10] in den Gräben und wurden mit starker Hand dem Erdboden gleichgemacht.

Der Herzog von Burgund hatte die Angewohnheit, immer zu Neujahr die Hauptleute seiner Ordonnanzen durch andere zu ersetzen. So kam es, dass Aimé de Valperga, ein erfahrener Heerführer, den Befehl über die 100 Lanzen bekam, die vorher Messire Josse de Lalaing hatte und die von der großen Insel zum besagten Lager verlegt wurden. Wildentschlossen und kühn näherte sich dieser mit etlichen edlen, unternehmungslustigen jungen Männern unter dem Schutz von langen viereckigen Schilden, Brettern und Angriffswerkzeugen dem Befestigungswerk. Dabei zerschlugen sie die dicken, harten Eichenbalken, aus denen es zusammengefügt war, so dass sie es trotz der großen und dicken Erdmassen (mit denen die Zwischenräume aufgefüllt waren) in einzelne Teile zerlegten, durchbrachen und zertrümmerten. So stießen sie auf die dahinter verborgene Stadtmauer und das Stadttor, deren Zugang nicht ohne große Mühe und Verluste freigeräumt wurde. Meister Simon, ein Bombardier, Pierot und andere wurden durch ihre eigene Bombarde getötet, und der obengenannte Aimé de Valperga, der sich bemerkenswert geschlagen hatte, wurde dabei an der Backe von einem Kanonensplitter verletzt.

Die Neusser konnten diesem Angriff nicht standhalten. Als sie diesen hässlichen Rückschlag (für sie), die tödliche Gefahr und grausame Wende des Kriegsglücks erkannten, zogen sie sich in die Stadt zurück, wobei sie gleichzeitig weiter hinten ein neues Bollwerk errichteten. Dieses war in bewundernswerter Kunstfertigkeit mit Erde und Streu bedeckt und zwar so ordentlich, dass die Anlage wie zum Vergnügen und nicht wie aus Notwendigkeit hergestellt zu sein schien, denn kein Strohhalm ragte über einen anderen hinaus, und das Ganze war mit hübschen und netten Schießscharten und anderem schrecklichen Verteidigungsgerät versehen.

Als der Herzog dies neue, so prompt erbaute Bollwerk sah, schlug er vor, es so zu zerstören, wie er es mit den anderen gemacht hatte, d.h. nicht durch einen übereilten Angriff, son-

[10] fondefyé

Kapitel 10 – Chroniques de Jean Molinet

dern durch verborgene ausdauernde Arbeit. Er befahl, zwei Stollen zu graben, einen beim Wachposten der Lombarden, zur rechten Hand, in der Nähe des Wassers der Gräben, und den anderen im Lager der Pikarden zum Fluss hin, wo die Stadt in einem rechten Winkel angelegt ist, dort wo die Mauern durch Bombarden und Kanonen zerstört[11] waren. Die „Bregière"[12] wurde herangebracht und vorsichtig auf Lafetten gestellt; ihr folgten mehrere Feldschlangen[13]. Schanzenbauer schanzten, Handlanger langten zu, Gräber gruben und Mineure minierten mit solchem Eifer, wobei sie der Stadt immer näher rückten, dass die von drinnen in Gefahr gerieten, die Vorwerke des Bollwerks zu verlieren. Sie legten eine Sperrwehr an, um sie zu schützen. Nachdem sich ihre Furcht verdoppelt und ihre Angst unermesslich geworden war, eroberten sie den erwähnten Stollen auf der Seite der Lombarden, wie es später in der Geschichte dargestellt wird.

[11] abatus

[12] die „Schäferin" = la Bergère, eine der bekanntesten burgundischen Kanonen

[13] courtault

Kapitel 11

Wie Messire Olivier de la Marche, Haushofmeister des Herzogs und Kapitän seiner Garde, die Italiener und andere Kompanien die Stadt Lints (Linz) in Deutschland mit frischen Kräften verstärkten[1].

Ich weiß nicht, ob meine rauhe, ungefüge Feder dazu in der Lage sein wird, großartig genug die Nebenkampfhandlungen der Belagerung von Neuss zu beschreiben. Mit Hilfe der meisterlichen Hand der verehrten und bewährten Prosaiker[2], deren gütige Verbesserung und Stütze ich durch ihren lebendigen Stil erflehe, fahre ich dennoch in meiner Arbeit fort.

[1] ravitaillèrent
[2] orateurs

Kapitel 11 – Chroniques de Jean Molinet

Ich werde zu Beginn der „Randbemerkungen"[3] die herausragenden Leistungen niederschreiben, die die wackeren Edlen und kühnen Helden dieses mit Glück gesegneten Hauses dank ihrer starken und ritterlichen Arme mannhaft vollbracht haben. So wie Karl der Große, König von Frankreich, der sehr stark war und einen mächtigen Körper hatte, von ebensolchen hochgewachsenen, kräftigen, außerordentlich kühnen und starken Fürsten begleitet war, umgab sich Karl der Große, Herzog von Burgund, eine Leuchte an Mannhaftigkeit[4], ein Vorbild an Ehrenhaftigkeit, gottwohlgefällig und ruhmwürdig in allen Unternehmungen an seinem Hofstaat mit Grafen, Baronen, Hauptleuten und Rittern von ebensolchem Maß. Sie waren klug in ihrem Tun, kundig im Führen der Waffen und so umsichtig und so beherzt[5], dass ihnen nichts unmöglich war.

Während vor Neuss die Blüte des Rittertums lag und ihre Wirkung in die umliegenden Lande hineinleuchten lassen wollte, um unter der Purpurfahne (ihres Fürsten) jeden Widerstand und tief wurzelnde böse Gegnerschaft auszurotten, kamen zum Herzog Nachrichten durch Lancelot von Berlaimont. Der Kaiser und andere große Fürsten Deutschlands hielten die Stadt Linz belagert, welche im Territorium des Erzbischofs am Rhein gelegen und sieben Meilen von Köln entfernt sei. Und in der Tat hatten die Kaiserlichen ein Bollwerk zu erstürmen versucht, wobei sie ziemlich (viele Leute) verloren. Die Namurer, flink bei der Abwehr und angriffslustig[6], lagen als Besatzung für und im Auftrag der Burgunder in der Stadt. Sie stürzten sich unter anderem auf zwei Schiffe, eines mit 800 Maltern Hafer beladen und das andere mit Getreide für Suppen und andere notwendige Dinge. Diese waren flussaufwärts beladen worden und passierten Linz in der Hoffnung, Neuss zu versorgen. Abgesehen davon hatte eine starke Kompanie Deutscher am Ufer des Rheins gegenüber der Stadt, wie um diese zu belagern, in einem starken und mächtigen Bollwerk Quartier bezogen, welches die Belagerten derart „bearbeitete", dass kein Wesen ohne große Lebensgefahr hinein noch hinaus gelangen konnte.

[3] en front de marge
[4] vertu
[5] tant discrez et asseuréz
[6] aspres aux concquestes

Herzog Karl, starker Schild, scharfes Schwert und unbiegsamer Stab für alle, die sich darauf stützen, beschloss, denen von Linz Hilfe an Männern wie an Lebensmitteln zu geben. Er wählte für dieses Unternehmen Olivier de la Marche, den Oberbefehlshaber seiner Garde, einen sehr berühmten, klugen Ritter von kühnem Geist. Und da dieser wacker und geschickt an den Waffen[7] war, hatte er ebensolche edlen, weitblickenden, tapferen, begabten, fähigen und auf Taten bedachte Gefährten, wie es die starken Myrmidonen bei Achill waren, die Hektor umringten. Messire Olivier hatte bei diesem Ritt 100 wohlgerüstete italienische Lanzen bei sich, die in Schwadrone unterteilt waren, ferner Philippe de Berghes mit 100 Lanzen und schließlich Lancelot von Berlaimont mit 200 Mann. Unterwegs[8] stießen sie noch auf Herrn Evrard de la Marck[9] mit einer bestimmten Anzahl von Leuten. Und alle zusammen konnten es 2000 Berittene sein.

Sie waren am fünften Tag des Jahres aus dem Lager vor Neuss abgeritten, mitten im Winter bei Regen, Wind, Schneetreiben, Graupelschauern, beim schrecklichsten Wetter aller Zeiten. Unterwegs nahmen sie im ersten Ansturm ein befestigtes großes Dorf, wobei 26 oder 27 Mann niedergemacht wurden, und machten vier Tage hintereinander in einem anderen Dorf Quartier in zwei Meilen Entfernung von ihren Feinden, die ihr Kommen nicht übersehen konnten. Als sie sich Linz näherten mit ihren Pferden, die die ganze Artillerie und die Lebensmittel – ungefähr 300 bis 400 Sack Mehl – trugen, stießen sie auf eine ungeheuer gefährliche Enge im Gebirge, die sie notwendigerweise passieren mussten. Sie fürchteten dabei sehr, dass die Deutschen diese mit starken Kräften bewachten oder dass sie bei ihrer Rückkehr dort gefangen gesetzt würden. Sie schickten darauf Kundschafter voraus, um Hinterhalte zu entdecken, und fanden keine Seele vor. Dies Glück, das oft den Tapferen hilft, ermutigte sie wieder halbwegs, und sie passierten diese gefährliche Stelle ungefähr 7 Stunden nach Tagesanbruch, ohne irgendwie behindert zu werden.

Nachdem sie diesem schrecklichen Labyrinth und hässlichen Übergang entkommen waren, befanden sie sich auf einer

---

[7] preue et actif en armes
[8] sur les champs
[9] Herr von Arenberg, Statthalter von Luxemburg

schönen Ebene, wo sie sich auszuruhen hofften. Aber sie waren inmitten ihrer Feinde, die sich in einer kleinen Stadt namens Rambaille (Remagen) und in einer großen Ansiedlung namens Sankt...? (Sinzig) aufhielten, welche beide eine halbe Meile voneinander entfernt sind. In der einen war der Erzbischof von Trier, in der anderen der Herzog von Sachsen und mehrere (andere) Herzöge und Grafen des Reiches; insgesamt waren es fünf bis sechs Tausend Kämpfer, zu Pferd wie zu Fuß. Als diese ihre Gegner sahen, die ihnen so ins Netz gegangen waren, führten sie ihre Artillerie ins Freie und stürzten sich mit großem Einsatz auf sie. Die Burgunder sahen dieses harte Treffen auf sich zukommen und stellten sich vorschriftsmäßig auf und standen sechs bis sieben Stunden ununterbrochen in einem tödlichen Gewitter und schrecklichen Unwetter. Denn zum natürlichen Graupel, der vom Himmel zur Erde fiel und dessen Körner weich, kalt und weiß waren, stiegen andere künstliche Blitz- und Donnerkeile in entgegengesetzter Richtung von der Erde zum Himmel, und deren Steine waren hart, heiß und schwarz. Obendrein erhoben sich andere grausige, schreckenerregende Donnerschläge über dem Rhein, im Lager des Kaisers, welches sie von oben bis unten unter Feuer nahm und sie schwer und ununterbrochen beschoss. Und was noch schlimmer war: das Scharmützel begann zwischen beiden Städten so ungestüm, großartig und wütend, dass 100 Lanzen und die Bogenschützen nicht zum Einsatz kommen konnten. Der Erzbischof von Trier war in eigener Person dort und befand sich oft in gefahrvoller Not. Leute und Pferde von seiner Partei blieben dort in großer Zahl verwundet und tot liegen, und die übrigen wurden mehrfach in ihr befestigtes Lager zurückgetrieben, zu ihrem großen Schaden und zu ihrer großen Schande und Bestürzung, denn die erwähnten Burgunder, alle kriegserfahren, hielten so gut stand und wurden so hervorragend geführt, dass sie nur fünf oder sechs Leute verloren, darunter Martinet Baron, der von einem Bolzenschuss verletzt wurde.

Denkt ein wenig nach, ihr reichen Bürger und ihr anderen Besserwisser[10], die ihr über den Stand des Adels murrt. Ihr

[10] hongnars

lebt in friedvoller Ruhe und köstlichem Frieden[11], umgeben von gemauerten Türmen und starken Wällen. Überlegt ein bisschen und bedenkt, dass die edlen Helden nicht nur Vorteile haben. Ihr würdet keine sechs Meilen eines solchen Weges machen wollen, und ginge es um den ganzen Inhalt eurer Geldtruhen. Der hohe Wert des Heldenmuts ist ein so reicher Schatz und von so erhabener Kostbarkeit[12], dass die bedeutenden Welteroberer Körper und Seele aufs Spiel setzen, und sehr oft bleiben selbst die Heldenmütigsten auf der Strecke. Ihr wisst nicht, was Ehre und wonnigliches Ruhmgefühl ist, ihr seid dem allgemeinen Wohl[13] und allen guten, mannhaften Eigenschaften feindlich eingestellt. Ihr missachtet die Sache, die euch am meisten nutzt, und jene, durch die und dank derer ihr lebt und in eurem sich den Eitelkeiten der Welt ergebenen Glücksgefühl gedeiht; ihr führt ein gutes Leben in friedvoller Sicherheit, während sie in Kämpfen in Lebensgefahr sind; ihr schlaft in befestigten Städten, gut geschützt in Frieden, und sie liegen auf dem blanken Boden und haben immer die Waffen griffbereit neben sich. Ihr lebt in der Hoffnung, euren Stand zu erhöhen, und sie sterben für euch und eure Erbschaft.

Nachdem Messire Olivier und seine ritterliche Gesellschaft ehrenhaft und mit wenig Verlusten aus diesem schreckenerregenden und gefahrvollen Fegefeuer[14] herausgelangt waren, fanden sie zwischen zwei befestigten Lagern, um im Bild zu bleiben, gleichsam eine kleine giftsprühende Hölle vor, ganz voller Feinde. Es war das oben genannte Bollwerk am Ufer des Rheins, welches 200 Deutsche, versehen mit Feldschlangen, Hakenbüchsen und Armbrüsten, in großer Aufmachung[15] besetzt hielten. Sie wollten den Zugang zur Stadt verwehren und die „Kameraden" entsprechend grüßen, die sich dorthin begaben[16]. Trotz all ihrer Stärke und eingesetzten Machtmittel gelangten die oben erwähnten Lebensmittel, Pulvervorräte und andere Güter, auf Boote geladen, im sicheren Hafen[17] an. Und Lancelot von Berlaimont rückte zusammen mit 60 Leuten zur Verstärkung der Garnison nach Linz ein, welches in großer Freude schon halb wiederaufgerichtet war und von da ab unter seiner Herrschaft und seinem Schutz stand.

[11] repos delitable
[12] préciosité
[13] bien publique
[14] purgatoire
[15] pompe
[16] qui dedans se fourroyent
[17] port de salut

Als Linz, wie es offensichtlich ist, ohne großen Widerstand mit Mannschaft und Material verstärkt worden war, beließen es die Burgunder nicht dabei; um ihren Feinden eine Meisterleistung zu zeigen und nachzuweisen, dass sie Geist, Mut und Kraft[18] besäßen, vollbrachten sie eine hervorragende Tat, an die man sich noch 100 Jahre erinnern wird. Denn sie stellten sich in vorzüglicher Schlachtordnung auf, unbändiger als erregte Tiger, um das oben genannte Bollwerk anzugreifen. Es gab keinen einzigen Mann, der nicht Löwenmut besessen hätte, und unter anderen wurde Robert le Roucq durch die Hand von Messire Olivier de la Marche zum Ritter geschlagen. Dann stürmten sie hart, entschlossen und mit großer Kühnheit an. Diejenigen, die drinnen waren, hatten sich ganz auf die Verteidigung vorbereitet. Sie wichen vor den Angreifern nicht zurück und zeigten auch keinerlei Bestürzung, denn sie bedienten sie zum ersten Gang mit dicken Eiern von Steinschlangen und Pfeilbraten[19], mit Erbsen auf Geschossart[20] und anderen kleinen Gift- und Pulverdragées, wie es sich zu einem solchen Festmahl geziemt, und zwar derart, dass drei von der Partei der Burgunder tot liegen blieben, welche angesichts des harten Aufeinandertreffens zurückgeschlagen abrückten. Der Ansturm begann darauf erneut, schrecklicher und bewundernswerter als vorher. Jeder legte sich wieder ins Zeug[21], um Ruhm und Ansehen zu gewinnen[22]. Denkwürdige Waffentaten von der einen und der anderen Seite zeigten sich dort an diesem Tage. Den nicht davon Betroffenen machte es Spaß, diesem Kampf zuzuschauen. Die Deutschen entfalteten dabei die Macht ihrer militärischen Mittel. Die starken Bogenschützen der Burgunder schossen mit ihren Pfeilen auf deren gut zusammengesetzte Einheiten. Die Deutschen bewiesen Kühnheit und außerordentlich hohen Mut. Aber durch ein böses Geschick brach Feuer in ihrem Pulvervorrat aus, und so gerieten sie erschreckt ganz durcheinander. Angst und Furcht ergriffen sie, und sie wurden daraufhin mit soviel Kraft und mit so starker Hand überfallen, dass mit Hilfe des Feuers, welches ihnen auch noch zusetzte, ihr Bollwerk genommen, zerstört und zerstückelt wurde. Alle, die es bewachten, wurden ertränkt, verbrannt oder mit dem

[18] esprit, sang et vie
[19] carreaux d'arbalète
[20] poix de couleuvrines
[21] reprit le frein aux dents
[22] bruit et prouesse

Schwert durchbohrt, abgesehen von 10 oder 12 Gefangenen. Einer von diesen, der lebendig zwischen den Toten aufgesammelt und nach Neuss mitgenommen worden war, sagte in seiner Sprache zu mir und zu anderen, dass der Kaiser, der in Andernach sei, ihnen Hilfe versprochen habe, wenn sie standhielten. Aber er fehlte ihnen in der Not, und sie beendeten ihre Tage ehrenhaft zum großem Nachteil und verlustreichen Schaden des Kaisers.

Oh, edles Deutschland[23], Keimstatt des kaiserlichen Hauses, ebenbürtige Schwester der siegreichen Römer, Du durch Edelmut wiedererwecktes Rom, Du befehlendes Königreich, Du hochheiliges Kaiserreich, Du heilige gold–, silber– und eisenbekrönte Herrin[24]. Du allein besitzt den goldenen Reichsapfel und die hohe Alleinherrschaft auf dieser Welt. Du bist die Mutter stolzer, streitbarer Nationen, Ziehmutter der kleinen Leute[25] dieser Welt. Bist Du nun eine Rabenmutter geworden? Ohne das geringste mütterliche Mitgefühl? Du siehst, wie Deine Kinder vor Deinen Augen verstümmelt und von Pfeilen durchbohrt und von blutigen Schwertern zerstückelt werden, und Du gibst ihnen weder Beistand noch Schutz. Du siehst Deine Festungen zerstört, Deine Länder entvölkert und ihren Wohlstand vernichtet. Sie sind Beute und Nahrung für ausgehungerte, räuberische Wölfe. Ohne ihren fürstlichen Anführer siehst Du die kleinen Löwen[26], die Deine Gegenwart nicht aus der Fassung bringt, auf die Anhöhe Deines Geheges hinaufkrabbeln, in kleiner Zahl und ohne jeden Gedanken an schützende Flucht, und Du kannst sie in Deinen Netzen weder durch Klugheit noch durch Tapferkeit einfangen, sofern noch welche in Dir stecken mag. Oh, edles Deutschland! Ist Dein Herz ermattet, sind Dir die Arme gebunden, hast Du das ruhmvolle Waffenhandwerk verlernt, dessen Du einst so laut gerühmt wurdest? Wo sind Dein kaiserlicher Adler und der mächtige österreichische[27], die dank ihres einzigartigen Höhenfluges über alle Vögel des Himmels das heilige Diadem kaiserlicher Majestät errungen haben? Wo ist Dein kostbarer Herrscherstab und Dein heiliger, erhabener Kaiser[28], dem die sieben Erdkreise der Welt untertan und tributpflichtig waren? Wo sind die starken und

---

[23] Germanie

[24] dame

[25] des petits geans; oder: der kleinen Riesen

[26] Molinet meint mit kleinen Löwen die Anführer des Entlastungstrupps, der z.T. von Verwandten Karls, dem Löwen, befehligt wurde.

[27] Es kann sich hier auch um ein grobes Wortspiel handeln,: „ostrice" heißt auch der flugunfähige Vogel Strauß, heute: Autriche – autruche.

[28] Cesar auguste

flinken Helden der Neuzeit, die Hüter Deines königlichen Palastes, die Bewahrer Deiner Ländereien[29] und Sachwalter Deiner äußeren Ehre? Sie haben taube Ohren bekommen, und Du bist, wie es scheinen kann, bequem im Bett des eitlen Vergnügens eingeschlafen. Du hast Deinen machtvollen Mannesmut verwandelt in träge Faulheit[30], Deinen Wert und Ruhm in Trunksucht[31], Deine erhabene göttliche Würde in Fuder Wein[32], und mit Deiner ruhmreichen Herrschaft geht es immer mehr bergab[33].

[29] parc champêtre
[30] puissant proesce – pesant paresce
[31] ton valoir et gloire en volloir de boire
[32] ton hault los divin en grans los de vins
[33] ton empire décline de mal en pire.

Kapitel 12

Wie auf Grund eines Abkommens die Garnison von Linz unter Mitnahme aller Güter und Personen abrücken musste und dabei von den Deutschen ausgeplündert wurde, die weder Verträge noch Versprechen hielten.

Diese Heldentaten der burgundischen Truppen so unmittelbar vor den beschämten Augen ihrer Feinde, im Herzen ihrer größten Machtansammlung, schlug den Deutschen eine tödliche Wunde. Es war, als hätte man ihnen den „Lebensbaum" ihres Stolzes ausgerissen, dessen Frucht den Eisenzähnen und blutigen Bissen der Schwerter ausgeliefert wurde. Nachdem also Messire Olivier de la Marche, Philippe de Berghes, die Italiener und ihre Truppen die Stadt Linz verstärkt und mit der starken Hand ritterlichen Heldenmuts das obengenannte Bollwerk gewonnen hatten, machten sie sich auf den Rückmarsch, wobei sie ihre Gefangenen mitführten. Als die in den oben genannten Städten weilenden Deutschen diese erschreckende, erbarmenswürdige und kleinlaute Schar von Gefangenen sahen, stürzten sie sich in großer Anzahl zornentbrannt wie halb von Sinnen auf die Truppen der Burgunder, um sie zum Kampf zu stellen; aber sie wurden mit hohem Mut in ihre Festungen zurückgeworfen. Damit nicht zufrieden, strömten sie in größerer Zahl heraus und stellten sich in Schlachtordnung auf. Als die Burgunder sahen, dass die Kaiserlichen mit ihnen scharmützeln und ihren Abzug bis zum Einbruch der Nacht hinausziehen wollten, rückten sie eng zusammen, und weil es eines ziemlich langen Zeitraumes bedurfte, um die genannte Engstelle zu überwinden, ließen sie 60 Lanzen zurück. Um das Scharmützel anzunehmen, stürzten sich die Lanzen mit solch einem Schwung auf die Deutschen, dass diese sofort bis zum Tor einer der genannten Städte zurückgedrängt wurden. Es hätte nicht viel gefehlt, dass der Graf von Vernembourg, der mit einem langen schwarzen Samtgewand bekleidet war, bei dieser Jagd gefangen genommen worden wäre, weil er sich ziemlich unvernünftig (der Gefahr) ausgesetzt hatte, um seine Truppen in „Reih und Glied" zu halten, wie ein Soldat sagte, der beim Angriff gefangengenommen wurde.

Ohne irgendwelche Verluste passierten die Burgunder ehrenvoll jene gefährliche Enge bei der Rückkehr nach Neuss. Es sei noch berichtet, dass Philippe de Berghes und seine Kompanien dabei ein großes und befestigtes Dorf überfielen und es mit Waffengewalt einnahmen. Sie töteten dabei 25 oder 26 Mann, die ihnen in dem besagten Dorf keine Unterkunft gewähren wollten. Dann kamen sie in großer Freude, glücklich über ihr erhabenes, herausragendes und ruhmreich abgeschlossenes Unternehmen am Belagerungsring von Neuss an, wo der Herzog sie huldvoll empfing. Und von den Ihren wurden sie wohlgefällig aufgenommen, als siegreiche Helden großartig geehrt und gepriesen und des Siegerkranzes und des ewigen Lobes für würdig befunden.

Ungefähr drei Wochen, nachdem die Stadt Linz so nachhaltig mit Leuten, Lebensmitteln und Pulver versorgt worden war, wurde sie von den Fürsten des Reiches so stark bedrängt und von deren dicken, verderbenbringenden Kanonen derart beschossen, dass sie gezwungen war, sich zu ergeben oder noch Schlimmeres zu erwarten angesichts der Tatsache, dass sie „im Rachen" ihrer Feinde und fernab jeder Hilfe war. Deswegen sandten nach grauenvollen Drohungen, Mahnungen und schmerzvollem Leid infolge der Geschosse die genannten Fürsten einen Herold zu den Belagerten, um deren Meinung zu erfahren, und bestimmten ihnen den Zeitpunkt zum Unterhandeln auf früh morgens, als es noch dunkel war[1]. Die Zeit und die Gesprächsthemen wurden von beiden Seiten angenommen. Das Schlussergebnis bestand darin, dass all jene, die zur Partei des Herzogs von Burgund hielten, Kriegsleute und andere, dem Kaiser oder seinen Kommissaren die Stadt übergeben und am folgenden Tag abrücken, heil an Leib und Leben, unter Mitführung des Gepäcks, ihrer Waffen und ihrer Artillerie. Hinzu kam noch, dass sie dem Kaiser oder seinen Abgesandten 200 Rheinische „Mailles" (Münzen) zum Geschenk machen sollten, weil sie seine kaiserliche Majestät dazugebracht hatten, sich zu diesem gütlichen Vertrag herabzulassen.

Auf diesen Tatbestand hin gingen Lancelot von Berlaimont, die Namurer und die anderen Kriegskameraden, welche zu sehr von den harten Mühen und andauernden Wachen erschöpft waren, glücklich und im Vertrauen auf die Einigung und den Vertragsabschluss in ihre Lager zurück, um sich auszuruhen und um ihre Sachen für den Abzug am folgenden Tag zu packen. Aber die Deutschen, die feinen Soldaten, wachten auf ihren Brustwehren und schliefen nicht ein. Sobald sich die anderen niedergelegt hatten und eingeschlafen waren, durchstiegen sie die Stadtgräben und drangen durch die Löcher in den Mauern, die ihre Bombarden am Vortag gemacht hatten, heimlich in die Stadt ein. Sie plünderten sie völlig aus, ohne sich um irgendwelche Absprachen oder Versprechen zu kümmern. Sie trieben ihre Gegner mittels Gewalt und Heimtücke aus der Stadt und erleichterten die Ahnungslosen um Geschütze, Pferde und Gepäck. Ferner zwangen sie sie, 200 Rheinische

---

[1] à 12 heures en la nuit

„Mailles" zu zahlen. Und sie nahmen sie so sehr aus, dass sie in großer Not, ganz beschämt und entblößt[2], entflohen und nur ihr (nacktes) Leben retteten.

So sehen glaubwürdige Zusicherung und aufrichtiges Vertrauen bei euch aus, ihr feinen Soldaten aus Deutschland! So sieht eure Glaubwürdigkeit tatsächlich aus, und so haltet ihr das ehrenvolle, unter Männern gegebene Wort, wenn ihr die Oberhand habt!

[2] nudz

Kapitel 13

Wie die von Köln jenseits des Rheins ein starkes und mächtiges Bollwerk errichteten, um die von Neuss zu unterstützen und um ihrerseits den Herzog zu belagern.

Deutschland spürte, dass die eingeschlossene und mutlose Stadt Neuss in großer Bestürzung dahinkümmerte, von Unglück schwer verfolgt, von Hunger grausam bedrückt und von Krieg gefahrvoll gepeinigt war. Es erbarmte sich ihrer schmerzlichen Betrübnis und beschloss, sie von diesem gefährlichen Unglück zu befreien. So kam es dazu, dass sich die von Köln ungefähr am 15. Februar in großer Zahl jenseits des Rheines auf der Höhe von Neuss zeigten, wobei Insel und Fluss zwischen beiden waren. Dort errichteten sie ein großes, mächtiges Lager[1], welches von Pfählen umschlossen, mit Zelten

[1] siège

Kapitel 13 – Chroniques de Jean Molinet

geschmückt und von Gräben umgeben war in der Art eines Gegenlagers. Sie glaubten, dem Lager des Herzogs die stolze Gewissheit des sicheren Triumphes austreiben zu können[2]. In der Tat schossen Feldschlangen und große Geschütze, deren seltsame Geschosse nur halbrund[3] waren, aufs Geratewohl in verschiedene Lager seines Heeres. Aber dieses Geschieße nutzte denen von Köln wenig. Sie gaben dabei teures Geld aus und brachten dem Gegner kaum Schaden. Ihre Schüsse verkehrten sich oft zu ihrem eigenen Nachteil. So unterlief ihnen einmal das Missgeschick, einen kleineren Stadtturm zu treffen, wobei sie viele Leute töteten.

Eines Tages führten sie zehn oder zwölf mit Lebensmitteln und Truppen beladene Schiffe in der Hoffnung heran, Neuss neu zu versorgen. Aber sie wurden hart von der Armee des Herzogs zurückgeworfen und so kehrten sie in ihrer Erwartung enttäuscht den Rhein aufwärts zurück. Renaudin von Melun, ein tapferer Knappe und Leutnant von Messire Olivier de la Marche, verfolgte sie mit 60 Reitern und gelangte bis in die Nähe von Köln.

Als die Kölner feststellten, dass sie mit Waffengewalt ihre Ziele nicht erreichen und auch nicht nach Neuss hineinkommen konnten, welches nach ihrer reichlichen Hilfslieferung Ausschau hielt, zeigten sie übertrieben große Trauer und beschlossen, statt Truppenverstärkungen vermehrt gute Ratschläge zu geben. Sie bedienten Neuss mit Versprechen statt mit herausragenden Taten, mit Boten und niederem Volk statt mit Rittern und kühnen Helden[4].

So trösteten sie also der Kaiser und die Fürsten Deutschlands zusammen mit den Kölnern mit Lobhudeleien und Überredungskünsten, voller Geschwätz und großen Schmeicheleien, die irgendwelche verwegenen Soldaten über den Fluss brachten. Die von Neuss zeigten ihnen durch einige namenlose Unglückselige, in den Gewässern Ertrunkene und Ertränkte, in welch großes Elend und erbarmenswürdige Übelstände sie sich durch das kriegsbedingte Unglück gebracht fänden, wie es in ihren Sendschreiben zu Tage tritt.

[2] desrochier
[3] à demi coques
[4] et proposèrent lui donner confort de rescription en lieu de renfort de garnison et le servirent de promesses en lieu de haultaines proesces, de messagiers et de petis compaignons en lieu de chevaliers et de hardis champions.

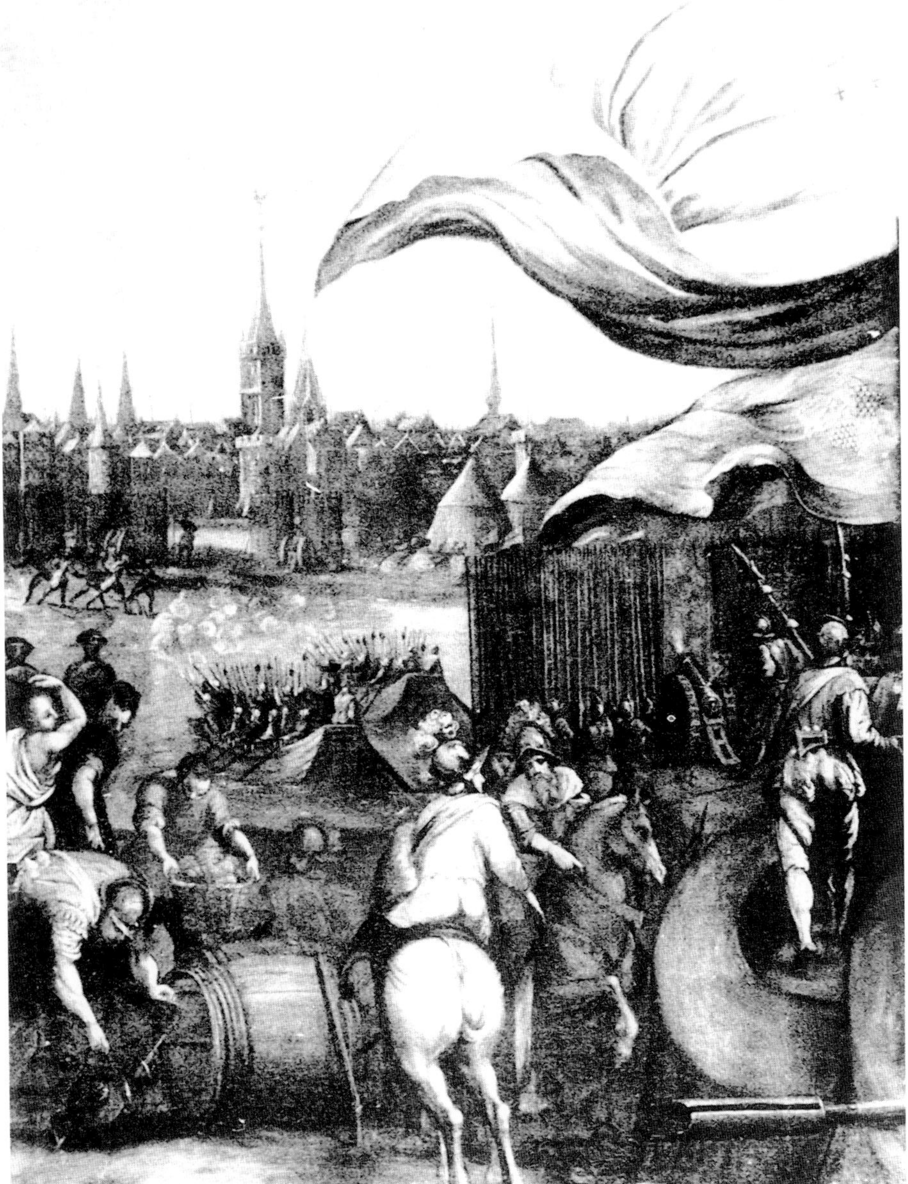

Kapitel 13 – Chroniques de Jean Molinet

Eines Tages fand eine Wäscherin des Heeres unter einer Tonnenbrücke einen Ertrunkenen in Schuhen und Kleidung. Dieser hatte in seiner Börse 12 Möhrchen[5](?) und trug zehn oder zwölf von Pech und Wachs umhüllte Briefe bei sich, welche am Mittwoch nach der halben Fastenzeit[6] von Hermann von Hessen und dem niederen Adel[7] von Neuss aus in der Hoffnung geschrieben waren, den Landgrafen Heinrich von Hessen, die Bürgermeister, Schöffen und Ratsmitglieder der Stadt Köln sowie einige Kriegsleute jenseits des Rheins zu erreichen. In ihnen stand teilweise wie folgt geschrieben:

„Auf mehrfache und unterschiedliche Weise halten wir Euch für genügend über den beängstigenden und erbarmenswürdigen Mangel informiert, mündlich wie auch schriftlich, zu dem wir durch unsere Feinde genötigt werden. Das Wasser ist von uns abgeleitet worden, die Wassergräben trocknen aus, alle unsere Bollwerke zur Rheinpforte hin sind bis auf das letzte genommen. Wir werden jeden Tag schwächer und verlieren ein Festungswerk nach dem anderen und wir haben aus uns selbst nicht mehr die Kraft zur Verteidigung, die uns hier noch Schutz geben könnte. Und nun ist es so[8], dass wir uns lange Zeit auf die Zuverlässigkeit[9] Eurer schönen Worte gestützt haben, die, in den süßen, betörenden Saft der Beredsamkeit getaucht[10], ein Stärkungsmittel unseres Mutes waren, und die uns bei dem bisschen Hoffnung unterstützt hatten, das wir bis jetzt besessen haben. Gleichwohl, nichts ist darauf an Wirklichem geschehen, worüber wir außerordentlich bestürzt sind. Deswegen bitten und ersuchen wir Euch sehr inständig, Eure Versprechen vollständig einzulösen; schon seit langem sind sie mit Schmeicheleien geschmückt und getränkt und sie haben sich nicht der fruchtbringenden Reifung zugewandt, sondern infolge Eures langen Schlafens und Nichtstuns (führen sie) in die Schande der Wortbrüchigkeit. So schickt uns also eilige Hilfe mit der größten Anstrengung, die Euch möglich sein wird, denn sonst werden wir und unsere Stadt auf immer zerstört, mehr noch, der beschämenden Geringschätzung und ewigen

[5] mourequins = Geldstücke
[6] mi-carême = der 3. Donnerstag in der Fastenzeit; im französischsprachigen Raum finden an diesem Tag Umzüge, Maskeraden usw. statt.
[7] la commune chevalerie
[8] soit
[9] vertu
[10] confites en liqueur de eloquence

Kölner Truppen „auf den Steinen" auf dem rechten Rheinufer gegenüber Neuss
Ausschnitt aus einem Ölgemälde von ca. 1580 (Besitz der Stadt Köln)

Schande ausgeliefert sein. Und wenn es Euch nicht gelingt, die von uns erflehte Verstärkung zu leisten, die so oft und von so vielen versprochen worden ist, so findet irgendein gütliches Abkommen zwischen unseren Gegnern und den Euren, damit wir nicht Ehre, Leben und Hab und Gut[11] verlieren, denn wir haben kein Zutrauen mehr, es sei denn in die göttliche Barmherzigkeit, der wir uns anvertrauen."

Ähnliche Briefe schrieben den oben Genannten die Bürgermeister, Schöffen, Rat und Zünfte von Neuss, wie auch einige Hauptleute, die dorthin zur Verstärkung der Garnison durch die Stadt Bonn geschickt worden waren. Sie wiesen auf die hohen Kosten der Lebensmittel und auf den Mangel an letzteren hin, der dort bestand. Deshalb kam es täglich zu lautstarken Auseinandersetzungen zwischen mehreren von Hunger getriebenen und deshalb zum Streit neigenden Kameraden, so dass sie infolge dieser ruinösen Zwiste nicht gut (einem Angriff) standhalten konnten.

Gewisse Instruktionen teilten die Neusser diesen Sendboten mit, damit sie wüssten, wie sie ohne Gefahr in befreundetem Land angesprochen würden, und wie sie die von jenseits des Rheins zu informieren hätten, in welcher Abfolge sie ihre Pulvergeschütze abfeuern sollten. Und zwar dergestalt, dass sie nach Überwindung der Gefahrenzone auf Grauschimmel steigen und in die Hände Lanzen nehmen sollten, an deren Enden sie mit Hilfe irgendeines brennbaren Stoffes Feuer machen sollten. Sobald die Belagerten das sähen, zögen sie eine weiße Fahne auf dem Bollwerk neben dem Rheintor auf und würden so den Unterschied zwischen ihren Festungsanlagen und denen des Herzogs zeigen, welche sie von beiden Seiten zu bekämpfen hofften. Wenn die erwähnte Fahne ganz oben angebracht würde, so sei das ein Zeichen dafür, dass der Schuss zu hoch saß, wenn sie unten angebracht würde, zielte er zu tief, wenn sie nicht mehr bewegt würde, so bedeutete dies, dass sie in gleicher Richtung (zu schießen) fortfahren sollten. Und weil die in der Stadt andauernder Belastung, steter Mühe und unerträglichem Wachdienst ausgesetzt waren, baten sie die Gegenbelagerer (auf der anderen Rheinseite), dem Heer des Herzogs durch mehrere Überfälle und Angriffe zu Was-

---

[11] chevance

ser und zu Lande zu schaffen zu machen, um in ihrem harten Elend ein wenig Ruhe zu bekommen.

Einige andere aus der Armee des Herzogs fanden ebenso einen ertrunkenen Mann, der es übernommen hatte, gewisse Briefe zu überbringen. Diese hatte der Kaiser am Vorabend von Ostern in Köln in deutscher Sprache an Hermann, Landgraf von Hessen, an die Ritter, Knappen, den Rat und die Bewohner von Neuss geschrieben, und deren Inhalt wie folgt lautete:

„Wir haben Euch mehrfach und auf unterschiedliche Weise kundgetan und bedeutet, dass Wir gekommen und (den Rhein) hinabgezogen sind, um Euch von der großen Last zu befreien, die Ihr tragt und schon lange Zeit getragen habt. Bis zu dieser Stunde haben Wir wenig Hilfreiches in dieser Sache tun können wegen der Stadt Linz, die Unseren Weiterzug verhinderte, und wegen anderer wichtiger Angelegenheiten. Nichtsdestoweniger sind Wir augenblicklich in Köln in Begleitung des Erzbischofs von Mainz, des Erzbischofs von Trier, des Markgrafen[12] von Brandenburg, des Herzogs von Sachsen, von Heinrich, dem Landgrafen von Hessen, und von Eberhard, Graf von Württemberg und Mömpelgard und von mehreren Grafen und Freiherrn[13], Rittern, Knappen sowie anderen Abgesandten von Ständen und Städten des Reiches[14]. Wir erwarten jeden Tag eine größere Anzahl[15] von Angehörigen[16] Unseres Reiches, die Wir unter großen Strafandrohungen hierher befohlen haben. Sie sollen Uns dienen und helfen, Euch zu Hilfe zu kommen, was Wir eiligst und ohne irgendeinen Aufschub zu tun gedenken. Und wegen all diesem fordern Wir Euch auf, auch unter Berücksichtigung Eurer langen Ausdauer, dass Ihr noch eine kleine Weile standhaltet, ohne Euch zu ergeben, wo Ihr Euch bis jetzt so tapfer und heldenhaft verteidigt habt. Dafür habt Ihr Lob, Preis und Ruhm für immer für Euch und Eure edle Nachkommenschaft errungen. Bei Unserer Ehre[17], Wir werden Euch zu Hilfe kommen und Wir werden stets Eurer Tapferkeit gedenken, wenn Wir es tun."

Denselben Briefen war ein kleiner Zettel beigelegt, in dem enthalten war, wie der Kaiser erneut seine Gesandtschaft zum

[12] marquis
[13] baron
[14] des villes et cités impériales
[15] sieute
[16] subgetz
[17] sous faulte

König von Frankreich geschickt hatte; diese war auf den Boten[18] des Königs von Frankreich gestoßen, der Zeugnis davon abgab, auf welche Art und Weise jener in eigener Person komme und dass er mit einer ganz großen Zahl von Bewaffneten unterwegs sei, um dem Kaiser zu helfen und beizustehen. Und ob er komme oder nicht, es würde ihnen geholfen werden, des sollten sie gewiss sein. Die Erzbischöfe von Mainz und Trier sowie die anderen erwähnten Fürsten schickten, um die Zusagen des Kaisers zu bekräftigen, ihre am Karfreitag geschriebenen Briefe an Hermann, den Landgrafen von Hessen. Sie bestätigten, wie sie auf Befehl und ausdrücklichen Willen des Kaisers nach Köln hinabgezogen seien, nicht ohne eigene große Kosten und Zurüstungen, um ihn aus der erwähnten Gefahr zu befreien, in der er solange gewesen sei. Angesichts der Tatsache, dass die Zeit bis zum Eintreffen der Hilfe kurz sei, baten und ersuchten sie ihn, dass er sich noch so erweisen solle, wie er bis jetzt gewesen sei. Dafür werde er Ruhm und Lob in der ganzen Welt ernten und er solle betrachten, welche Schande und welchen Schaden dies für das Reich und die ganze deutsche Nation mit sich brächte, wenn er es anders mache.

Auf gleiche Weise schrieben Peter von der Glocken[19], damals Bürgermeister von Köln, und zwei Adelige aus Hessen an den Bürgermeister von Neuss und an andere, den Neussern Wohlgesonnene. Sie seien gut über den bedauernswerten Zustand und die geringen Möglichkeiten ihrer Stadt durch einige ihrer Freunde informiert worden, die in letzter Zeit von dort abgereist seien. Und sie berichteten, wie der Markgraf von Brandenburg, der Landgraf von Hessen und der Graf von Württemberg persönlich vor kurzem zu „Dem Stein"[20] auf der der großen Insel gegenüberliegenden Seite gekommen seien, um Neuss mit allem Notwendigen zu versorgen, aber dass sie aus Mangel an Schiffen ihre Ideen nicht verwirklichen konnten. Trotzdem seien der Kaiser und die Fürsten Deutschlands unaufhörlich bemüht, Truppen heranzuziehen, um ihnen bald nach Ostern zu helfen. Sie seien sicher, dass der König von Frankreich persönlich aufgebrochen sei, um dem Kaiser Hilfe zu bringen und dass er die gesamte Streitmacht seines Königreiches mit sich führe.

[18] chevaucheur = Reiter
[19] sire Pierre de la Cloche
[20] La Pierre

Kapitel 13 – Chroniques de Jean Molinet

Jener, der diese Briefe mit sich trug, hatte als Instruktion, dass er sofort nach seiner Ankunft in Neuss Feuerzeichen an zwei Stellen außerhalb des (?)–Turmes[21] geben sollte, damit die von jenseits des Rheins eindeutig wüssten, dass er ohne Widerwärtigkeiten angekommen sei. Wenn die der Stadt in ihrem Willen standzuhalten verharren würden, sollten sie zweimal die Sturmglocke vor Mittag läuten, und wenn sie Mannschaften und Pulver haben wollten, sollten sie die erwähnte Glocke nach dem Abendessen[22] läuten.

Ferner sollten die Abgesandten der Kölner, die sich bei dem schon benannten „Stein" aufhielten, in der kommenden Nacht ein Zeichen mit einer brennenden Laterne machen, falls diejenigen, die die Aufgabe hatten, die besagten Leute und das Pulver zu geleiten, niedergemacht oder sonst von ihren Feinden einem unglücklichen Ende zugeführt würden. Sooft sie die Laterne zeigten, in ebenso vielen Tagen danach sollten sie (mit Truppen und Proviant) neu versorgt werden. Wenn die Neusser einen Vertrag haben wollten, dann sollten sie zwischen Tag und Nacht eine brennende Laterne auf den Turm von Sankt Quirin stellen. In diesem Fall sollten sich die Fürsten in ihrer Abwesenheit (d. h. ohne sie) über ein Abkommen verständigen.

Durch das Abfangen dieser Briefe wurde das Geheimnis über die Situation von Neuss gelüftet, und man erfuhr von der Hoffnung auf Befreiung, die sie in ihre Verbündeten setzten. Gleichzeitig erfuhr man auch von der kümmerlichen Notlage und der schimpflichen Fahnenflucht[23] und zwar wahrheitsgetreuer als von denjenigen, die sich absichtlich aus der Stadt entfernten und sich der Gnade des Herzogs unterwarfen. Es gab nämlich ein so erstaunliches und in die Zukunft weisendes Beziehungsgeflecht[24] zwischen den Mächtigen, wenn es um ihr Wohlbehalten ging. Die kleinen Leute, welche nur wenig Geduld besitzen, schnell mit dem Wort sind und nichts verbergen können, wussten nichts von den Zielsetzungen und Absprachen (der entscheidenden Leute) von Neuss, wie es deutlich zu Tage tritt.

Denn einige von denen, die alle am gleichen Tag ihre Festung verlassen hatten und die sich infolge eines Missgeschicks oder

[21] tour de Clitenchon; laut Neuss, Burgund und das Reich S.282: Turm neben dem Judensteg

[22] dîner: Hauptmahlzeit des Tages; verlagert sich vom 11.Jh. an vom Morgen über Mittag zum Abend hin. Da normalerweiser nur bei Tageslicht gekämpft wurde, dürfte bei einer Belagerung dîner eher Abendessen als Mittagessen bedeuten, vgl. auch Anhang 2. Seite.

[23] désertion

[24] régime

aus anderen Gründen in den Händen der Burgunder befanden, stimmten sehr wenig in ihrer Aussage überein, sondern widersprachen sich auf mehrfache Weise, als sie sorgsam befragt und mit Hilfe der Tortur oder harter Drohung ausgehorcht wurden.

Die jenseits des Rheins weilenden Kölner merkten, dass ihre Botschaften in Neuss nicht ankamen. Ihre Sendboten versanken während der Ausübung ihrer Aufträge im Fluss und wurden vor aller Augen ans Ufer angetrieben, wo sie ihre Feinde dann ausplünderten. Infolge der löwenhaften Stärke des Gegners und seiner allgegenwärtigen Wachsamkeit erdachten und erfanden die entsendenden Kölner, die weder zu Wasser noch zu Lande den Mut noch den Geist zu kühnen Unternehmen hatten, etwas Wundersames: sie ließen mehrere Kugeln aushöhlen, wohinein sie ihre Briefe steckten, die in einem Holzstück eingeschlossen waren. Diese Kugeln schoben sie dann in ihre Geschütze und schossen die einen in die Stadt hinein, die anderen auf die Inseln. Letztere wurden eilends von den Belagernden aufgesammelt, gelesen und der Inhalt in den Lagern verbreitet. Aber die Neusser hatten kein Holzstück, das für ein Versteck groß genug gewesen wäre, um ihnen Antwort zu geben. Darüber waren sie sehr traurig.

Kapitel 14

Wie die Stollen, die Herzog Karl mit großem Eifer hatte graben lassen, durch die Nachlässigkeit der Italiener verloren wurden.

Im Verlauf von zwei Monaten wurden die Stollen, die der Herzog sehr oft mit Gefahr für seine eigene Person und großen Kosten hatte vorantreiben lassen, dank der großen Wirksamkeit der Maschinen und der außerordentlichen Mühen ein anständiges Stück (zur Mauer) vorangetrieben und beendet. Aber die Belagerten bemerkten dieses außerordentliche, für sie höchst gefährliche und todbringende Werk und trieben, von Furcht und Angst gedrängt, einen Gegenstollen und sahen dem Kommenden gefasst und mutig ins Auge[1]. Und zwar so sehr, dass sie an einem Samstag, dem 8. April, ungefähr zwei Stunden nach dem Essen, heimlich einen Erdwall durchbrachen, als sie sahen, dass sich im Lager der Lombarden zu wenig und unaufmerksame Wachposten befanden. Da sie sicher waren, dass dies ein günstiger Zeitpunkt sei, stürzten sie mit großem Mut und mit Feldschlangen, Hakenbüchsen, Bögen, großen Bänken, starken Bohlen und breiten Planken wohl versehen in den Stollen der genannten Lom-

[1] prirent courageuse prétente contre malheureuse attente.

barden, wo sie nur vier oder fünf feige Italiener mit wenig Tatkraft und ohne Mut vorfanden. Als diese den stürmischen Angriff erkannten, flohen sie außer Schussweite und gaben die genannten Stollen auf, die vollständig eingenommen wurden, wie auch zwei Schleudermaschinen auf Lafetten. Dies alles verteidigten sie (die Neusser) dann so tapfer, dass nichts wieder zurückgewonnen werden konnte. Der Herr von Fiennes[2] und andere edle Ritter hörten dieses hitzige Kampfgetöse, liefen in aller Eile dorthin und bemühten sich außerordentlich, das Verlorene zurückzugewinnen; aber ohne Erfolg. Der wackere Knappe Jean de Mastain und andere blieben tot auf dem Platz liegen zusammen mit mehreren Verletzten.

Als der Herzog diesen nicht wieder gutzumachenden Schaden feststellte, sah er sich um das Ergebnis des bis dahin vorzüglich geführten, großartigen Unternehmens gebracht, das nun infolge der Faulheit einiger schwach gewordener Seelen so erbärmlich endete. Er kam ins Lager des Grafen von Campo Basso, der zu dieser Zeit von einer Krankheit mitgenommen in Mechelen weilte.

[2] Jacques de Luxembourg

Kämpfe am Rheintor
Holzschnitt aus der Wierstrait'schen Chronik von 1564

Der Herzog ließ vor aller Augen die Lombarden in seiner Gegenwart antreten und sagte ihnen, wobei er sie in seiner typischen Art[3] herrisch grüßte und ansah:

„Ihr Italiener, hellleuchtende Nation, einst Nährboden von Edlem, königlicher Spross, Blüte des Heldenmuts, duftender und blühender Stock und Stab unter dem hochheiligen Zepter kaiserlicher Majestät, wo ist der laut hallende Klang eurer Waffen, der einst bis an die Enden der Welt zu hören war? Wo ist der ruhmvolle Glanz eures in der ganzen Welt strahlenden Ansehens? Wo ist eure vorausschauende Umsicht, die dank der Schärfe ihres Schwertes die unterschiedlichen Landstriche des Erdkreises zum alleinigen Zentrum höchster Herrschaft hinführte? Um euren Ruf ist es still geworden, euer Ruhm ist erloschen, euer Scharfsinn und euer bemerkenswerter Fleiß haben sich in Feigheit und unglückbringende Nachlässigkeit verkehrt. Ich hatte davon Abstand genommen, meine edlen Verwandten, Vasallen und eigenen Untergebenen in hohe militärische Ränge zu befördern, indem ich einige von euch, Ausländer, vorgezogen habe. Ihr kämpft in meinem Sold, und ich habe euch beinahe die gesamte Ausführung meiner edlen Ziele übertragen, wobei ihr – es hängt nur von Euch ab – ewigen Ruhm erwerben könnt. Ihr habt für mich die Kriege geführt, ihr habt meine Feinde gezüchtigt, ihr wart die Stütze meiner Ehre. Wie könnt ihr diesen beispiellosen Verlust und diesen ungeheuren Schaden wieder gutmachen? Ihr habt eure üblen Taten und eure feige Trägheit allen Augen gezeigt. Ich hoffte, durch euch Gewinn und einen ehrenvollen Namen zu erringen, doch habe ich am Ende der Abrechnung nur Versagen und elenden Betrug."

Nach diesen Worten warfen sich sechs Italiener, die an diesem Tag an dem besagten Stollen Wache hatten, vor sein Angesicht auf die Knie, weil sie hofften, den Zorn des Herzogs zu besänftigen. Sie erflehten Gnade und Milde für ihre schimpfliche Schmach, ihr Unglück und ihre Verfehlungen. Um ihr beschönigendes Entschuldigungsgetue in besseres Licht zu stellen, gaben sie zu verstehen, dass sie seit sieben Monaten keinen Heller[4] Sold erhalten hätten; infolgedessen hätte sie die Notwendigkeit zu überleben gezwungen, ihre Rüstungen zu verpfänden. Der Her-

---

[3] léonique: Karl wird auch als Löwe bezeichnet.

[4] denier

zog war höchst verwundert über dieses Gebaren und antwortete ihnen, dass er ihrem Hauptmann, dem Grafen von Campo Basso, nichts schulde, dass vielmehr dieser ihm Rückzahlungen für die letzten drei Monate schulde. Diese Sache wurde von den Zahlmeistern[5] genau überprüft und für wahr befunden, woraufhin die mit ihren eigenen Waffen besiegten Italiener bestürzt und beschämt dem Herzog versprachen, das verlorengegangene Gebiet zurückzuerobern, um ihn zufriedenzustellen.

Folglich machten sie sich in der nächsten Nacht an ihre Aufgabe, wobei sie Verstand, Mut und Kraft entfalteten, und drangen mit großem Einsatzwillen in den besagten Stollen ein, um ihn wiederzugewinnen. Aber die von der Stadt hatten so etwas geahnt, waren schnell und wohlgeordnet auf den Verteidigungspositionen und empfingen sie unter vollem Einsatz ihrer Kräfte. Dank großen Geschicks und des Einsatzes von Büchsen, wovon sie große Mengen besaßen, trieben sie sie wieder hinaus. Eine große Zahl Italiener wurde niedergemacht, und kein einziger von denen entkam, die sich gerühmt hatten, den Stollen zurückzuerobern. Nach dieser verlustreichen und beklagenswerten Niederlage machten sich einige Italiener von niederem Rang daran, einen neuen unterirdischen Gang durch die Gräben der Neusser anzulegen. Sie wollten auf diese Weise die Ehre ihrer Nation wiedergewinnen, die zu dieser Zeit infolge ihrer schlechten Leistung wenig geachtet und verunglimpft wurde. Sie trugen deshalb trockene Erde, Kies und andere Materialien zusammen, welche sie dann zur Auffüllung des Grabens in diesen hineinwarfen und so an die andere Seite gelangten. Auf diese Weise schufen sie an dieser Stelle einen sehr schönen Damm, den sie in zwei (Teile) aufschlitzten, und stützten ihn an jeder Seite mit dicken Bohlen ab, damit die Erde nicht in die Spalte hineinrutsche, und legten zum Schutz ihrer Körper mit Erde bedeckte Planken darüber. So wurde bei dem Stollen der Pikarden der Zugang zum Wasser in den Gräben erreicht, welches sehr stark in den Flussarm abzufließen begann, obwohl es noch eine halbe Lanze tief blieb. Die von Neuss hatten irgendwie von dieser geheimen, andauernden Arbeit Kenntnis bekommen. Da sie nicht über die Auswirkungen Bescheid wussten, wurden sie von entsetzlicher Angst gepackt und maßen diesem Vorgang großes Gewicht zu. Trotzdem mach-

---

[5] commis

ten sie auf gut Glück einen Gegengang, welchen sie in Erdbodenhöhe und am Rand des Wassers herumlenkten. Folglich wurden die Auswirkungen des Unternehmens der besagten Italiener vernichtet, welche daraufhin jede Hoffnung auf Zurückgewinnung des Terrains verloren.

Während dieser Zeit entschlüpfte aus Neuss ein Büchsenschütze. Über die Situation in der Stadt befragt, gab er, „in die Mangel genommen"[6], dem Herzog zu verstehen, dass der schwächste Teil der Stadtbefestigung direkt neben der Windmühle sei. Auf sein Wort hin ließ der Herzog an dieser Stelle eine große Bombarde auffahren, die die besagte Windmühle zu Boden legte. Die Burgunder gewannen daraufhin den ersten Graben und eroberten, nachdem sie ihn aufgefüllt[7] hatten, die Höhe des Walls zwischen den zwei Gräben. Sie errichteten dort ein starkes Festungswerk[8], von dem man die innere Festungsmauer der Stadt beschießen konnte[9], und rückten so weit vor, dass sie in den zweiten Festungsring hätten eindringen können. Die Neusser arbeiteten eifrig an ihren Verteidigungswerken und verstärkten sie für die Auseinandersetzung. Der Herzog ließ erneut eine Feldschlange in der Abtei aufstellen, in der er logierte, und in Richtung des besagten Festungsringes schießen. Währenddessen füllten die Neusser große Weinfässer mit Erde und stellten sie parallel zum Graben auf, wobei sie hofften, die Durchschlagskraft der Kugeln abzumildern, und errichteten Zugbrücken, um von einem Befestigungswerk zum anderen zu gelangen. In der Hoffnung alles zu gewinnen, begannen die besagten Burgunder anzugreifen; sie wunderten sich aber außerordentlich über die neuen Verteidigungsanlagen von Neuss, die so geschickt in so wenigen Tagen hergestellt worden waren. Dies und der plötzliche Widerstand, den die Neusser ihnen leisteten, führte dazu, dass sie ihr Unternehmen wegen des schrecklichen Geschützfeuers[10] abbrachen, auf das sie dort stießen.

[6] opressé
[7] l'eau mise à jus
[8] bastillon
[9] decouvrit le premier fort de la ville.
[10] In Ausgabe T zusätzlich: Feuers, Öls, ungelöschtem Kalks und brennender Holzbündel.

Kapitel 15

Wie die von Neuss auf die Inseln kamen und von den Engländern wieder verjagt wurden.

Obgleich die Belagerung von Neuss so sehr den Vorschriften entsprechend wie möglich angelegt wurde, beachtete man nicht die Lehre des Vegetius, der fordert, die Zelte oder Festungswerke an solchen Orten zu errichten[1], wo keine plötzliche Überschwemmung zu einem Hindernis werden kann. Denn zwischen der Mitte Fastenzeit (mi-carême) und Ostern stieg das Wasser so mächtig an, dass der Rhein alle Deiche überflutete. Er überschwemmte die kleine und einen Teil der großen Insel so sehr, dass es infolge der vom starken Wind erzeugten Wellen und Wogen so aussah wie ein kleines Meer. Daraufhin begaben sich drei Neusser Bürger in einem kleinen Boot auf den Fluss und segelten dank des guten Windes rheinaufwärts. Trotz aller Wachmaßnahmen, Verteidigungsanlagen, Ausgucke und Vorräte an Geschossen, die einer solchen Sache im Wege standen, entschlüpften sie der Gefahr und kamen am helllichten Tag beim Heer der Kölner an. Ungefähr drei Tage später stiegen Soldaten aus Neuss bei Nacht in drei Bötchen[2] und gingen bei Tagesanbruch auf der Insel an Land, um die Quartiere der Bela-

[1] coloquer
[2] botequin

Kapitel 15 – Chroniques de Jean Molinet

gerer zu verbrennen und alle über die Klinge springen zu lassen. Die Engländer, die dieses Lager bewachten, bemerkten ihr Kommen und da sie sich vorher abgesprochen hatten, ließen sie sie ruhig landen, ohne dabei Alarm zu schlagen. Als es ihnen angebracht schien, schlugen sie dann so furchterregend laut Alarm, dass alle von Neuss erschreckt dachten, die ganze Armee rücke an dieser Stelle an, und sie glaubten, niemals mehr rechtzeitig in ihre Bötchen zurückzufinden. Beim Versuch, in die Stadt zu fliehen[3], retteten sich die einen und die anderen ertranken. Die Engländer, die dabei zwei Mann verloren, griffen sie so heftig an, dass ungefähr 30 von ihnen tot auf dem Kampfplatz liegen blieben und zwölf andere gefangen genommen wurden. Diese berichteten über die Vorkehrungen der Stadt und gaben an, dass die drei besagten Bürger nach Bonn[4] zum Kaiser gezogen seien, um Lebensmittelhilfe zu erhalten. Und bald darauf machten die Kölner mächtige, mit allen Gütern beladene Schiffe flott, um Neuss zu versorgen. So gewarnt stand der Herzog mit seinem Heer zwei oder drei Tage in der Karwoche unter Waffen und bildete dadurch ein so großes Hindernis, dass die Kölner enttäuscht[5] ihr Unternehmen abbrachen.

[3] au rentrer ens
[4] Bomble
[5] frustrés

Kapitel 16

Wie die Deutschen bei einem Zusammenstoß mit den Burgundern hart mitgenommen wurden.

Lautes Murren, geheimes Schimpfen und heftige Intrigen entwickelten sich gegenüber den Italienern, wegen des unwiederbringlichen Verlustes der Stollen und auch wegen der Abwesenheit ihres Anführers, des Grafen von Campo Basso, der sich damals von Krankheit angegriffen, fiebrig und schlaff[1] in Mechelen aufhielt. Um die Guten zu ermutigen und die Schlechten zu züchtigen, übertrug daraufhin der Herzog die Führung über die besagten Italiener seinem teuren und vielgeliebten Vetter, Rat und Kammerherrn, dem Monseigneur Graf von Chimay (Philippe de Croy), der neben ihm im Schlafsaal der Abtei Logis bezogen hatte. Dieser übernahm die Angelegenheit zusammen mit Messire Josse de Lalaing, dem Herrn[2] von Flandern. Um einen aufmerksamen Blick auf sie werfen zu können, bezogen sie von da ab ihr Logis im Quartier der Lombarden. Zusammen hielten sie sie unter strenger Zucht und setzten ein Gericht ein, durch das sie die Übeltäter hinrichten ließen.

[1] chault et moiste: eigentlich heiß und feucht
[2] souverain

Der Herzog war damals den Italienern nicht sehr gut gesonnen und, um diesen eine Lehre zu erteilen, befahl er ausdrücklich seiner Garde und seinem Haushalt[3], sich an einem Sonntag, den 9. April, in möglichst guter Ordnung um zwei Uhr[4] im Quartier der Lombarden einzufinden. Während sich daraufhin alle vorbereiteten, zur festgesetzten Stunde zusammenzukommen, näherte sich die Vorhut[5] der Kölner, ungefähr 60 Reiter, dem Wachturm. Die Kölner trieben zunächst die Wachmannschaft der Burgunder bis zu den Artilleriestellungen des Heeres zurück und warfen eine berühmte Kanone[6] des Monseigneur de Humbercourt um. Als der Überfall bekannt wurde, erhob sich großes Alarmgeschrei von allen Seiten. Adelige Kampfgefährten zu Ross, die sich aufgestellt hatten, um das andere Unternehmen auszuführen, sammelten sich innerhalb eines Augenblicks in einer Stärke von 60 Lanzen und trieben mit großem Mut die deutschen Truppen hinter den Wachturm zurück. Jene wunderten sich sehr, so blitzschnell angegriffen[7] zu werden. Der Zusammenstoß war hart und unerbittlich. Der mit einem langen Gewand bekleidete Herzog kam als einer der Ersten hinzu. Ludwig, Vicomte von Soissons, und Antoine de la Howardrie leisteten hier wackere Arbeit, obwohl ihre Pferde niedergemacht wurden.

Es gab an einem kleinem Fluss einen starken Hinterhalt der Deutschen, ungefähr 400 bis 500 Reiter und ebenso viele Fußsoldaten. Als der Herzog sie bemerkte, ließ er seine Leute absitzen und, verstärkt durch die Hinzukommenden, griff er so ungestüm die besagten Fußsoldaten an, dass sie dem Angriff nicht standhalten konnten und ihre Linien durchbrochen wurden. Man drang auf die Deutschen ein und schlug sie zusammen. Ungefähr 60 Ritter[8] und 200 Fußsoldaten blieben von ihnen tot auf dem Platz liegen. Von den Burgundern blieb nur eine kleine Anzahl liegen und keiner von Namen, außer Antoine de Poix, der von einem Abpraller unter dem Arm getroffen wurde. Sie machten 60 Gefangene. Als die anderen diesen erbärmlichen Kampfausgang[9] sahen, entflohen sie in aller Eile, und der Herzog jagte sie mit 200 gut gerüsteten Lanzen bis zur Nacht, und sie wurden von einigen Edelleuten, Mitgliedern der Garde, bis auf eineinhalb Meilen vor Köln verfolgt.

[3] hostel
[4] à deux heures: 2 Stunden nach Sonnenaufgang, vgl. Anhang S.2.
[5] avantcoureurs
[6] le bregier
[7] recoeullis
[8] nobles hommes
[9] piteuse aventure

Alle zusammen kehrten sie dann zum Belagerungsring zurück und befragten die Gefangenen, die ihnen unterschiedliche Auskünfte gaben. Insgesamt gesehen gaben die meisten an, sie seien an diesem Tag gegen 7 Uhr von Köln aufgebrochen und hätten die Fußtruppen einer kleinen Burg mit hergebracht, um die Einheiten des Heeres während der Zeit zu beschäftigen[10], die die Kölner zur Versorgung der Neusser brauchten.

Drei Tage später machten sich die Garde und 50 italienische Lanzen zusammen mit 200 Bogenschützen aus England mitten in der Nacht auf, um (die Mauern) einer kleinen Stadt zwischen Neuss und Köln zu ersteigen. Sie führten einen „Mauerkletterer"[11] der Truppen des Monseigneur de Humbercourt mit sich, der geschickt eine Leiter an der Mauer anbrachte. 16 Bogenschützen der Wache stiegen hinauf, welche sogleich entdeckt und von ihrem Vorhaben abgebracht wurden. Danach ereignete sich Folgendes: als sie zum Belagerungsring zurückkehrten, stießen ihre Spähtruppen bei Tagesanbruch auf 19 bis 20 Söldner[12], starke Männer von gewaltigem Körperbau. Diese machten jene ohne Ausnahme nieder, ohne irgendeinen ihrer Leute zu verlieren, außer dass Jean von Neufchastel, ein wirklich wackerer Kriegsmann, die Faust ganz glatt abgeschlagen bekam. Darüber waren der Herzog und alle anderen, die ihn kannten, sehr traurig, denn er war kühn, mannhaft und von großem Unternehmungsgeist.

---

[10] empescher

[11] eschieleur = echelleur = eigentlich Leitererkletterer

[12] rustres

Kapitel 17

Die Antwort, die Monseigneur, der Herzog von Burgund, den Botschaftern des Connétable von Frankreich gab, die ins Lager von Neuss gekommen waren, um Waffenstillstandsvereinbarungen zwischen dem König[1] und ihm zu schließen.

Während der Belagerung von Neuss bestanden zwischen dem König von Frankreich und dem Herzog von Burgund Waffenstillstandsabkommen, die im folgenden Mai ausliefen. Als Vermittler zwischen den Parteien schickte Monseigneur le Connétable seine Gesandten zum Herzog, um eine neue Waffenruhe auszuhandeln. Nachdem die Vorschläge einiger Abge-

[1] Ludwig XI., 1461 – 1483; List, Intrige und Bestechung sind seine wichtigsten Regierungsmittel, mit deren Hilfe er die Macht der französischen Großvasallen bricht. In der Literatur (W. Scott, V. Hugo, A. Strindberg u.a.) erscheint er als tyrannischer Herrscher und Menschenhasser.

sandter gehört worden waren, antwortete der Herzog diesen folgendermaßen: „Wie mir meine Räte, die Euch gehört haben, wiederholt berichteten, hatte Eure Entsendung (für mich) den Nutzen (zu erfahren), in wieweit der Kaiser, der König von Frankreich und mehrere Fürsten und Städte[2] Deutschlands einen Beschluss[3] in der Stadt Metz anerkannt haben, der gegen mich, meine Länder und Herrschaften einen schrecklichen Krieg herbeiführen soll. Trotzdem hofft der Connétable, eine gute und dauerhafte Waffenruhe zwischen dem König und mir auszuhandeln und eine sicherere als je zuvor für den Fall, dass ich darauf eingehen wolle. Für mich steht es außer Frage, dass der König genau berücksichtigen soll, dass der heraufziehende Krieg zwischen ihm und mir mehr zu seinem als zu meinem Nachteil sein wird. Er weiß nur zu gut, dass er einst seine ganze Macht und die seiner Verbündeten gegen mich eingesetzt hat, um mir, der ich ganz allein, ohne die Unterstützung aller meiner Freunde war, an Truppenstärke überlegen zu sein[4]. Dennoch hat er mir nichts mit Waffengewalt entrissen. Also, welche Hoffnung kann er jetzt haben? Ich bin so gewarnt und derart gerüstet, dass er mir – so es Gott gefällt – nichts von dem Meinigen wegnehmen wird. Während der Zeit, in der mein Bruder, der König Eduard[5] von England, aus seinem Königreich vertrieben war, setzte der Graf von Warvich (Warwick), mein Feind, die Macht der Engländer zu Gunsten des Königs von Frankreich gegen mich[6] ein. Mein Bruder, der Herzog der Bretagne, war durch die Kriege, die er in seinem Land führte, derart belastet, dass er mir keine Hilfe sein konnte. Auch wenn der Herr de Guyenne (Karl, Sohn Karls VII.) mein Freund war, so folgte er dem König, seinem Bruder. Der König von Aragon war zu dieser Zeit ebenfalls von Krieg sehr in Beschlag genommen. Das Haus Savoyen war mir kaum wohlgesonnen. Der Herzog Nicolas von Lothringen benahm sich insgeheim auch wie mein Feind. Im Endeffekt war mir keiner meiner Freunde von Nutzen. Doch auf der Seite des Königs wandte sich alles zu seinem Wohlergehen. Infolgedessen zerriss er plötzlich das Band des Friedens und jeden zwischen ihm und mir feierlich geschlossenen Vertrag. Er stand gegen mich auf mit großen Kriegsrüstungen und einer mächtigen Armee, gegen mich, der keinerlei Anlass hatte, auf der Hut zu sein. Warum hätte ich an ihm zwei-

---

[2] communes
[3] une journée
[4] surmonté en bataille
[5] Edowart
[6] convertissait

feln sollen? Ich hatte mit ihm nicht nur sicheren Frieden geschlossen, sondern ich ließ ihm außerordentliches Wohlwollen zukommen und hatte von meiner Seite alle vergangenen Kriege, Zwiste und Rachegelüste dem Vergessen anheimgegeben. Aber was machte er daraufhin? Er besetzte zunächst meine Städte Roye und Mondidier. Mittels Anstiftung zum Verrat und böser List nahm er dann meine Stadt[7] Amiens und meine Stadt Saint–Quentin, bestach deren Einwohner mit Geld und schönen Versprechungen, und, was viel schlimmer ist, die Kriegsleute, die er gegen mich in mein Land Burgund geschickt hatte, hatten meine Leute niedergemacht und mehrere Städte geplündert. Sie hatten diese grausamen Taten derart schnell durchgeführt, dass sie schon ausgeführt waren, kaum dass man darüber informiert war. Ich stand nicht nur ohne alle Freunde da, sondern auch von den Burgundern im Stich gelassen, die mir nicht zu Hilfe eilen konnten. Trotzdem, sobald ich durch den Lärm seiner Waffen aufgeweckt wurde, marschierte ich im Vertrauen auf die göttliche Barmherzigkeit und meine gute und gerechte Sache an der Spitze eines großen Heeres gegen ihn. Ich nahm Picquigny im Sturm ein wie auch Le Cateau, welches als einer der festen Plätze der Pikardie gilt, und schlug mein Lager nahe der Mauern von Amiens auf, zwischen zwei Armeen meiner Feinde, damit keine der anderen zu Hilfe eilen konnte. Ich habe nicht nur seiner Wut und Unverschämtheit widerstanden, ich habe seine Ränke und geheimen Hinterhalte zerstört, die, so wie er sie gegen mich und meine Gefährten ausführen wollte, gegen jedes göttliche und menschliche Recht waren. Dafür überlasse ich Gott die Rache. Dank der Gnade Gottes bin ich nicht nur von den Angehörigen meines Hauses umgeben, mit deren Hilfe ich vor kurzem als Sieger bis in die Mitte seines Königreiches vorgedrungen bin, sondern ich werde auch von Kräften aus dem Ausland unterstützt. Deswegen hat er die Auseinander-setzung zu fürchten, denn zu Recht kann ich ihn verfolgen und mich mit Waffengewalt für soviel schwere, erlittene Schmach rächen, wie es die Verletzung von göttlichem und menschlichem Recht ist. Wie ein bekanntes Sprichwort sagt, weiß jeder seit langem, dass die Bündnisse[8] der Deutschen unbeständig und wenig schlagkräftig sind. Der König weiß genau, dass ich durch meinen Einfluss mit friedli-

[7] cité
[8] conféderation

Karte

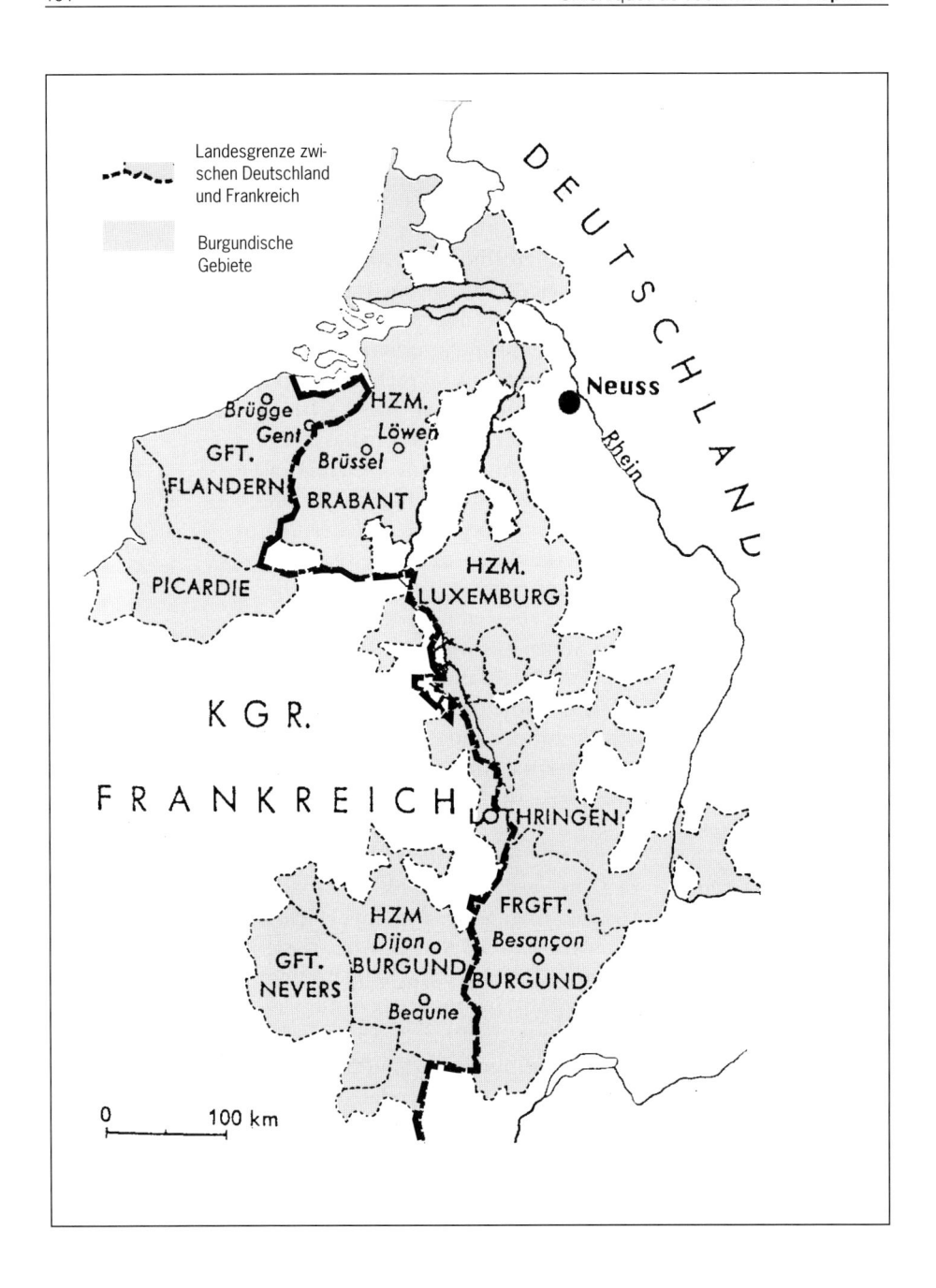

Legende:
- Landesgrenze zwischen Deutschland und Frankreich
- Burgundische Gebiete

Beschriftungen:
- DEUTSCHLAND
- Neuss
- Rhein
- Brügge
- Gent
- GFT. FLANDERN
- HZM. (Brabant)
- Löwen
- Brüssel
- BRABANT
- PICARDIE
- HZM. LUXEMBURG
- KGR. FRANKREICH
- LOTHRINGEN
- HZM. Dijon
- BURGUND
- GFT. NEVERS
- Beaune
- FRGFT. Besançon
- BURGUND

0   100 km

chen Mitteln meinen Bruder, den König Eduard, in seinem Königreich England wieder in seine Rechte eingesetzt habe, und er weiß, dass dieser mir gegen ihn mit großer Macht zu Hilfe kommt. Der König weiß gut, dass mein Bruder, der Herzog der Bretagne, nicht untätig ist. Ebenso ist es mit dem König von Aragon, der so viele schöne Siege über seine Truppen im Lande Roussillon errungen hat. Er ist auch ausreichend darüber informiert, dass der König der Insel Sizilien, Sohn desselben Königs von Aragon, nun meinen Orden vom Vlies trägt und in den Königreichen von Kastilien und Leon infolge des Todes des Königs, der sein Freund war, die Nachfolge antreten wird. Dieser (neue) König von Kastilien wird sein Feind sein. Das Haus Savoyen ist seit kurzem mit mir verbunden und es gibt nichts, was diese Allianz zerbrechen könnte.

Der Herzog von Mailand hat sich zu seinem Feind und zu meinem Freund erklärt. Seine Gesandten sind zu mir unterwegs. Ich habe mich des Herzogs von Lothringen versichert. Ich unterlasse es, von meinen anderen Freunden und Verbündeten zu reden, wie dem König von Ungarn, dem König von Großsizilien, den Venezianern und dem Pfalzgrafen, weil sie fern vom Königreich Frankreich sind und nicht in vorderer Linie stehen wie jene, die sein Königreich ganz nah umgeben[9] und ihm von allen Seiten benachbart sind. Diese erkennt er als seine Gegner, nicht nur wegen der Zusammenarbeit mit mir und der Gunstbeweise mir gegenüber, sondern auch wegen des außerordentlichen Hasses, den sie gegenüber seiner Person haben. Im Vergleich zu so Vielem erweckt das Wenige, das Ihr mir in seinem Namen anbietet, nicht die Absicht, mit ihm Waffenruhe zu halten, denn ich habe erkannt, dass der Kriegsapparat, den er aufbringt, bei mir nicht die geringste Furcht erweckt, sondern sich zu seinem Ruin verkehrt.

Und selbst wenn man mir dazu riete, auf welche Weise und mit welchem Mittel könnte ich Frieden oder Waffenruhe mit ihm haben, wo er doch hinterhältig den zwischen ihm und mir so

[9] assiègent

Burgund zur Zeit seiner größten Ausdehnung unter Karl dem Kühnen

feierlich beschworenen, verordneten und gewährten Frieden von Peronne gebrochen hat? Er hatte ihn abermals vor dem Bildnis unserer Lieben Frau von Liesse (Aisne) öffentlich beschworen und zu halten versprochen, wobei er die Hand auf den Altar legte, und den er dann nach seiner Rückkehr nach Tours und Amboise mit Zustimmung des Großen Rates von Frankreich und des Gerichtshofes des Parlaments von Paris ohne jeden Zwang billigte, ratifizierte und gut und loyal zu halten versprach. Wenn er eine günstige Gelegenheit fand, mir zu schaden, hat er den Frieden verletzt, den er dem König von Aragon, dem König von England, meinem Bruder, und mir gewährte. Er tut es heute noch, aber nun nicht mehr ohne bestraft zu werden. Heute dringen seine Truppen über die Grenzen meiner Länder und sammeln Beute jeglicher Größe, so als ob keine Waffenruhe zwischen uns bestünde. Wenn ich die Abkommen annähme, die Ihr vorlegt, auf welchem Pergament schriebe man sie? Mit welcher Tinte, mit welchen Buchstaben wären sie geschrieben? Mit welchem Siegel und welchem Wachs würden sie besiegelt und bestätigt, wo er sie doch so oft vorher gebrochen hat? Bei welchem Gott wird er schwören, er, der so oft die Hand zum Himmel erhoben hat, der Meineide geschworen und sein Gelübde gebrochen hat[10]? Eins ist sicher: wollte er mir alle meine Schäden, Verluste und Kosten vergüten, die ich ertragen habe, weil er die seit dem Frieden von Peronne zwischen ihm und mir abgeschlossenen Abmachungen nicht halten wollte, hätte er genug zu tun. Ein einziger Grund brachte mich dazu, die Waffenruhe zu wahren: es war die Liebe zu Unserem Göttlichen Herrn und der gute Wille, den ich gehabt habe und noch habe, unserem katholischen Glauben Hilfe und Unterstützung gegen die Ungläubigen zu geben. Trotzdem, damit Ihr es wisst: ich will mich mit ihm zum Wohl des Friedens verständigen, wenn er mir Saint-Quentin und Amiens zurückgeben will, die er mir mit Gewalt genommen und geraubt hat, und wenn es meinen Brüdern und Gefährten, dem König von England, dem König von Aragon und dem Herzog der Bretagne gefällt, dann sei Waffenruhe zwischen uns. Aber ohne diese drei kann ich nichts tun, noch ihm irgend etwas gewähren, denn wir sind derart vereint und miteinander verbunden, dass mit dem König von Frank-

[10] maculer son sermon

reich, unserem gemeinsamen Feind, keiner von uns etwas ausmachen kann ohne die Zustimmung der anderen. Sagt dies meinem Vetter, dem Connétable, damit er dies den König wissen lasse, falls es ihm gut erscheint."

Für das Jahr 1475 – Kapitel 18

Wie der Kaiser mit großer Macht den Rhein herabzog, um die Stadt Neuss zu entsetzen und den Herzog von Burgund zu bekämpfen.

Obwohl der an Jahren reiche[1] Kaiser Friedrich bedächtig[2], friedfertig und ungewöhnlich geduldig war, entschloss[3] er sich, ermuntert durch die Mächtigsten seines Reiches, gegen Ostern des Jahres 1475 zum Krieg. Um Neuss in seiner schmerzvollen Gefangenschaft zu helfen, rief er die Fürsten Deutschlands zur Hilfe auf und befahl dem Herzog von Jülich, der damals den Burgundern günstig gesonnen war, dass er käme, ihm zu dienen. Der Herzog von Jülich erschien daraufhin vor seiner kaiserlichen Majestät und bat mit klugen Worten, ihn aus diesem Dienst zu entlassen: er sei Verwandter, Nachbar, Pfründner und Verbündeter des Herzogs von Burgund, zu dessen gehorsamen Diener er sich gemacht habe, und weder könne noch wolle er

[1] déjà avant en son temps: 1475 war Friedrich III. 60 Jahre alt, Regierungszeit von 1440 – 1493.

[2] humble

[3] se convertit

zwei Herren dienen. Daraufhin kehrte er in sein Herzogtum zurück. Nichtsdestoweniger zog der Kaiser die Hauptmasse seiner Truppen in Bonn zusammen und sammelte eine unendlich große Armee. Unter den Deutschen waren der Erzbischof von Trier, der Erzbischof von Mainz, der Bischof von Münster, der Herzog von Sachsen, der Herzog von Österreich, der Graf von Quennesteyn, der Markgraf von Brandenburg, Heinrich, Landgraf von Hessen, Evrard (Eberhard), Graf von Württemberg und Mömpelgard, und mehrere andere bedeutende Fürsten, Barone, Ritter und Knappen sowie Verbände von Städten und Ständen des deutschen Reiches[4]. In großer Herrlichkeit und in höchst ehrenvoller Gesellschaft kam Kaiser Federich (Friedrich) in die Reichsstadt Köln, wo er mit großer Freude empfangen wurde. Seine Armee kam zu Wasser und zu Lande mit einer großen Zahl von Schiffen, beladen mit Kriegsvolk, Kriegsgeräten aller Art und zahllosen Lebensmitteln, um die Armee zu unterhalten und um Neuss zu helfen.

Nachdem der Kaiser dort eine Zeitlang verbracht und seine Angelegenheiten geregelt hatte, rückte er mit einem wohlgeordneten Heer aus, um den Herzog zu bekämpfen und um sein Volk aus der todbringenden Gefahr[5] zu befreien. Er hielt sein erstes Feldlager eine gute Meile von Köln in Richtung Neuss, wobei er bei Nacht den Weg längs des Rheines nahm und sich dann in seinem befestigten Lager in sichere Obhut begab. Dann näherte er sich so weit, dass er in Zons übernachtete, und am Tag darauf schlug er ein stärker als üblich befestigtes Quartier eine Meile von den Belagerern entfernt auf. Es lag auf der Stirnseite auf einem großen Berg, hatte den Rheinfluss auf der Rückseite und breite und tiefe Gräben auf der Vorderseite und auf dem Stück zwischen Berg und Rhein. Innerhalb des ganzen Lagerringes gab es prächtige, in schöner Ordnung gereihte Unterkünfte, nicht aus Erde oder Stroh; es waren vielmehr kostbare Zelte und Pavillons in solcher Menge und von so vorzüglichem Aussehen, dass man meinte, eine mächtige Stadt mit Palästen, Tempeln und anderen achtungsgebietenden Bauwerken zu sehen. Jeder Fürst hatte seinem Rang entsprechend seine kunstvoll gebaute Unterkunft, die mit Gräben rundherum umgeben war, wie in einer befestigten Stadt[6]. Innerhalb die-

[4] communaultéz des cités et villes de Germanie.
[5] pestilence
[6] ville fermée

⁋ Wie Kayser Fridrich mit dem Reych für die stat News gezogen ist.

Kaiser Friedrich III. zieht mit einem Reichsheer vor die Stadt Neuss. Holzschnitt aus: Walter Isenberg, Wie die mechtige Erbkünigreich vnnd Fürstentumb Hispania, Hungern vnnd Gelldern zu den loblichen heusern Osterreich vn Burgundi kommen sein…, Augsburg 1520 (Bayerische Staatsbibliothek München 2°Alat B385/3fol.14b

ser Zelte und Pavillons war die Wohnstatt des Kaisers ohne gleichen. Sie überragte alle infolge ihrer außerordentlichen Schönheit: erfreulich war ihr Anblick, kostbar die Ausführung[7], und es gab kein Auge und kein Herz, so sehr es auch Ehre und Einzigartigkeit begehrte, das nicht mit dem Anblick dieser erhabenen Glanzleistung zufrieden sein musste.

Die große Zahl der zwei– und dreistöckigen[8] Schiffe auf dem Rhein sicherte, durch Ketten verbunden, einen großen Teil der Armee. Hinzu kam eine Vielzahl anderer Schiffe, vollbeladen mit allen Gütern und nicht der militärischen Ordnung unterstehend; in diese gingen ohne Unterlass die Haushofmeister der Fürsten mit ihren Dienern ein und aus und holten die Lebensmittel, womit die Armee unterhalten wurde. Das Zusammenleben war sehr klug geregelt und war angesichts der großen Menge ohne viel Durcheinander, denn es gab fremdartige Kämpfer aus verschiedenen Nationen und Gegenden. Einige, gewöhnt an die Sitten der Türkei, waren mit Wurfspießen bewaffnet und die anderen mit schweren eisernen Morgensternen[9].

Der Herzog hatte Nachricht erhalten über die große Kriegsmaschinerie und das erstaunlich große Heer, das der Kaiser gesammelt hatte, um ihn zu bekämpfen, und gedachte, ihm Widerstand zu leisten. Weil mehrere Pferde seiner Leute sich in Kempen, Wachtendonk, Venlo und anderen benachbarten Städten aufhielten, sowohl wegen der Knappheit an Futter als auch wegen anderer nötiger Dinge, die bei der Armee fehlten, erließ er den ausdrücklichen Befehl, dass jeder mit seinen Pferden versehen werde. Als er erfuhr, dass sie an „silbernen Ketten" zurückgehalten wurden[10], schickte er Leute seines Schatzamtes und andere mit großen Geldmengen versehene Offiziere in die Pferdequartiere[11], um sie zurückzuholen. Dabei stießen sie auf mehrere derart widerspenstige Pferdewirte, dass sie die Pferde nicht gegen gute Worte, sondern nur mit Mühe gegen gute Bezahlung wiederbekommen konnten.

Als jeder so gut wie möglich gerüstet war und der Kaiser sich jeden Tag bemühte, weiter vorzurücken, inspizierte der Herzog die Lager seiner Armee, rief die Kapitäne und Obersten seiner Kriegsleute zusammen und sagte ihnen mit sanfter Stimme leutselig und liebenswert Folgendes: „Meine vielgeliebten Brüder und Freunde, ihr habt bis zu dieser Stunde aus Liebe zu mir mit mir zusammen die harten Mühen des Krieges ertragen, gefährliche Notlagen ohne Beschwerden[12] durchstanden und Ruhm auf ewige Zeiten erworben. Ich bin euer Oberhaupt und Anführer[13], ich stütze mich auf die Kraft eurer tapferen Arme und vertraue meine Sicherheit eurem unverbrüchlichen Edelmut an. Seht hier den Kaiser und seine ganze Streitmacht, die sich euren Augen darbietet und uns zur Schlacht ruft. Dies ist

[7] facture
[8] doubles et trebles
[9] sortis de gros flayaux de fer.
[10] ils tenaient à chaines d'argent.
[11] hostelleries
[12] grippe de fortune
[13] prince

das Höchste, was wir erstreben können. Stellt euch in Schlachtordnung auf, jeder dort, wo er hingehört. Kämpft wie Löwen! So es unserem Göttlichen Herrn gefällt, erringen wir einen glorreichen Sieg, wahren wir das Recht der Kirche und setzen die Sache unseres Vetters durch." Als die erhabenen Barone, ritterlichen Vasallen und treuen Untergebenen diese sanfte, zu Herzen gehende und überzeugende Ansprache ihres Herzogs und angeborenen[14] Herrn hörten, überkam sie Mitgefühl. Sie wurden zu Tränen gerührt und infolge der überwältigenden Zuneigung und brennenden Hingabebereitschaft, deren Glut er in ihnen entzündet hatte, waren sie zufrieden, ihre Leben für seine gute und gerechte Sache zu wagen. Der Herzog änderte seinen Standpunkt in keiner Weise und nahm nichts von seinem erhabenen Ziel zurück, sondern beharrte in zuversichtlichem Mut. Der Lärm der anrückenden kaiserlichen Armee und die Kampfbereitschaft seiner Truppen erfreuten ihn zur Genüge. Er fürchtete sich davor nicht mehr als die Dame es bei der Hochzeit tut, die das Gelärme der Musikanten hört und ihren Gatten am Festtag ankommen fühlt.

Oh hochmächtiger Herzog, oh löwengleicher Held, oh zweiter Scipio[15], Arm des Herkules, Faust Makedoniens, Du eherner Leib, den fast nichts erschüttern kann, dem nichts unmöglich scheint! Wirst Du immer das Schwert in der Rechten halten? Du weckst Europa auf, Du bringst Deutschland in Unruhe[16] und verbreitest Schrecken bei streitsuchenden Völkern. Du bist in Deinen jungen Jahren als einfacher Graf des Charolais nach Frankreich eingedrungen und hast Dein Banner mitten in seinem Herzen aufgepflanzt[17] und gegen den allerchristlichsten König hast Du das Schlachtfeld behauptet. Wie kannst Du jetzt, gefürchteter Herzog, der weder zu König noch zu Herzog bewundernd aufschaut, wie kannst Du dieser anstürmenden Sintflut entrinnen? Hast Du den Mut, den Mächtigsten der Welt mit Krieg zu überziehen? Den Erben der irdischen Schöpfung, das Abbild des himmlischen Lenkers, den einzigen Herrscher über das Menschengeschlecht, unter dem sich alle irdische Kraft beugt und erniedrigt? Ganz Deutschland, Kaiser und Reich, stellen sich vor Dich hin, sie rufen Himmel und Erde, Feuer und Wasser zu Hilfe, und es ist für sie klar, dass Du das Ziel

[14] naturel
[15] voloir scipionique
[16] perturber
[17] au milieu de son ventre.

ihrer Pfeile sein wirst. Mäßige Dein heißes Begehren, zügele Deinen erhabenen Willen, senke Deinen hohen Anspruch, verwandle Dein Schwert in Pflugscharen, Deine Lanze in den Zweig des Ölbaumes und wende das Steuer weg vom Krieg hin auf die Bahn des Friedens. Es steht geschrieben: „Wer sich an der Gefahr erfreut, wird in der Gefahr umkommen". Schreite also mit Deinem glückseligen Vater auf der Spur der Eintracht, zufrieden mit dem, was Dir gehört, ohne die höchsten Würden anzustreben, und Du wirst mit ihm auf dem ruhmreichen Thron der Ehre wohnen. Dein Vater, dem Gott vergeben möge, war der Diener der Venus, Du bist der Schüler des Mars. Er war der Liebling der edlen Frauen, Du bist der Gorgias (der Prediger) der Waffen. Er liebte sehr das Heilige (Römische) Reich, dessen Schädiger er einst nicht war; wende Du dessen Los nicht zum Schlechten, indem Du dessen Kaiser bekämpfst[18]. Er zog die ihm Übelwollenden durch Wohlwollen zu sich, und Du stößt die Dir Wohlwollenden durch Übelwollen zurück. Er wurde wegen seiner Großzügigkeit[19] geliebt, Dir wird aus Furcht gedient. Er gewann Freunde durch seine Leutseligkeit[20], Du vervielfältigst die Feinde durch Hochmut. Ohne heldenhaft zu sein, gewann er sie sich dank friedliebender Großmut. Gib acht, dass Du Dir, ohne lasterhaft zu sein, nicht Feinde durch schreckenverbreitende Härte machst.

[18] Il aimait fort le Saint Empire dont oncques ne fut empireur, ne le tourne pas en empire en guerroyant son empereur.

[19] débonnaireté

[20] humblesse

Kapitel 19

Wie unser Heiliger Vater seinen Legaten schickte, um zwischen dem Kaiser und dem Herzog von Burgund zu vermitteln und um sie von einer Schlacht abzubringen.

Der Kaiser saß siegesgewiss in seinem befestigten Lager und wurde von seiner ganzen Streitmacht umgeben. Dabei wurde er oft von den Kameraden der (herzoglichen) Garde aufgeschreckt[1], die ihm schreckliche Scharmützel lieferten, wobei er mehr verlor als gewann. Der Herzog wünschte den Zusammenhalt und die Tapferkeit seiner Gegner und auch die Anordnung der einzelnen Heeresgruppen[2] kennenzulernen. Deshalb begab er sich eines Tages mit 500 Lanzen in die Deckung eines Wäldchens und gab Messire Pierre de Miraumont den Auftrag, 50 Lanzen des Voraustrupps (nach vorne) zu führen, um ein

[1] resveillié
[2] batailles

Scharmützel anzufangen. Die Deutschen bemerkten sie, und ungefähr 300 Reiter unter der Führung und Leitung des Markgrafen von Brandenburg stürzten sich auf sie, ohne Geschütze abzuschießen oder irgendwelche Fußtruppen nach vorne zu schicken. Die Auseinandersetzung begann hart und grausam.

Sire Pierre de Miraumont, der sie mit insgesamt 30 Lanzen durchstand, schlug sich dabei so ehrenvoll, dass der besagte Markgraf und die Deutschen alle höchst erfreut waren, sich in ihr befestigtes Lager zurückziehen zu können, wohin sie mehrmals in großer Unordnung zurückgedrängt wurden. Sie verloren dabei fünf Männer, wovon drei tot auf dem Platz liegen blieben und zwei gefangen wurden, welche die Ziele des Kaisers enthüllten.

Unser Heiliger Vater, der Papst, war über diesen schadenbringenden Zwist unterrichtet und wollte die ungestüme Leidenschaft löschen, welche zwischen den beiden bedeutenden Persönlichkeiten brannte[3] und sie beide mit glühendem Zorn entflammte. Denn er dachte, dass das Werk der Waffen die Anhänger der christlichen Religion schwäche. Sowohl um schreckliches Vergießen von Menschenblut zu verhindern, als auch um sie zu brüderlicher Eintracht zurückzuführen, sandte er seinen ehrwürdigen Legaten (Alexander Nanni, Bischof von Forli in Italien). Um zwischen den Parteien zu vermitteln, eilte er oft von einer Seite zur anderen und mahnte sie mit der Stimme der Vernunft und durch sanft und erbaulich vorgetragener Begründung zum Frieden. Er fand sie aber so unnachgiebig im Streit, dass er nicht den trotzigen Stolz ihrer Herzen[4] beugen konnte, welche Arbeit, Mühe und Pein er auch auf sich nahm.

Und obwohl man sich, um gewisse Auswege zu eröffnen und um zu einem einvernehmlichen Vertrag zu gelangen, von beiden Parteien einige Unterbrechungen und Kampfpausen gewährte, hielten sich die Deutschen nicht daran. Selbst in Anwesenheit des Legaten, der diese Mühen um Vermittlung mit großem Einsatz vorantrieb, raubte der Marschall des Kaisers einige Burgunder aus. Daraufhin schalt sie der deswegen höchst unzufriedene Legat: „Ich habe lieber, dass Ihr mir das Leben nehmt, als dass Ihr in solchen Unverschämtheiten fort-

[3] fureur esprise entre ces deux grands personnages

[4] la fierté de leur haut corage

fahrt." Der darüber äußerst verärgerte Herzog wurde grimmiger[5] als zuvor.

Am Sonntag, den 21. Mai, – das Lager war ausreichend gesichert – ließ der Herzog seine Leute ausrücken und ordnete seine Einheiten in der Nähe des Klosters zu Unserer Lieben Frau in Staffeln, Rotten, Brigaden und Schwadrone[6]. Früher benannten die unterschiedlichen Nationen ihre Armeen verschieden. Die Makedonier, Griechen und Trojaner nannten sie Phalanx: damals umfasste eine Phalanx 7000 Mann. Gallier, Keltiberer und andere wilde Völker[7] kämpften in ‚Haufen', und jeder Haufen umfasste 6000 Mann. Die Römer unterwarfen die Herrschaft der Welt ihrem Richterspruch dank der Disziplin und der kunstreichen Taktik, über die sie bei der Benutzung der Waffen verfügten. Sie unterteilten ihr Heer in Legionen und Kohorten, und jede Legion, die zehn Kohorten umfasste, bestand aus 6000 und mehr Leuten, zu Fuß und zu Pferde. Es gab dort mehrere Dienstgrade[8], wie Centurionen, Tribunen, Präfekten, Dienstälteste (Truppführer von zehn Leuten), niedere Ränge[9], Adlerträger, Standartenträger, Schatzmeister[10], Quartiermeister[11] und Trompeter. Wie jeder gute Kämpfer hatten sie die Ohren auf die Befehle des Anführers und die Augen auf die Feldzeichen gerichtet und ihre Hände an der Waffe.

Die Franzosen, die danach im Ruf standen, gute Krieger zu sein, unterteilten ihr Heer nach Art der eisernen Bewaffnung: nach Helmen, Hauben[12], (Brust-)Harnischen und Lanzen. Und jetzt, seitdem sich die Italiener dem Haus Burgund zugesellt haben, werden sie in ‚Escaden' (Brigaden) und Schwadrone unterteilt. Eine ‚Escada' besteht aus 25 Lanzen. Nach dieser neuen Einteilungsweise stellte der Herzog seine Streitkräfte an diesem Tag auf, was die außerordentlichste Sache war, die es je zu sehen gab.

Während dieser Zeit schickte der Kaiser den Legaten unseres Heiligen Vaters zusammen mit seiner Gesandtschaft und der der Kölner zum Herzog, der den ersten Schritt tat, um eine gütliche Übereinkunft zu finden, ohne den einen oder den anderen vor den Kopf zu stoßen. Auf Grund der Fürsprache des

---

[5] plus aigre = saurer
[6] eschiels, esles, escadres et escadrons
[7] barbares
[8] dignitéz
[9] ordinarii: Soldaten, die in der Reihe kämpften
[10] tessariens: eigentl. Soldaten, die die Tagesparole weitergaben; vermutl. Übertragungsfehler: tésauriens.
[11] métateur
[12] bassinet

Legaten und der bittenden Gesandten mäßigte der Herzog für dieses Mal seinen Zorn und zog sich in sein Lager zurück. Trotzdem entzündete sich der Feuerfunke des Mars wieder hitzig, angefacht durch die Diener Plutos, und vervielfältigte seine Flamme hundertfach, wie es in der (folgenden Geschichte) offenbar wird.

Kapitel 20

Wie Herzog Karl von Burgund bei guter Sicherung des Belagerungsrings um Neuss den Kaiser und die ganze Streitmacht des Reiches bekämpfte.

Am Dienstag, den 23. Mai im Jahre 1475, verließ der Kaiser sein Lager, durchquerte ein Wäldchen, das in der Nähe lag, wenn man sich Neuss näherte, und errichtete sein (neues) Lager einen Feldschlangenschuss weit vom Heer des Herzogs. Der Herzog wurde darüber unterrichtetet und ließ etwa gegen 10 Stunden nach Tagesanbruch die Mitglieder seines (engeren) Hofes und die Ordonnanzkompanien aus dem Lager ausrücken. Er ließ das Lager in sicherer Obhut zurück, von Leuten in angemessener Zahl bewacht, um den Ausfällen derer aus der Stadt widerstehen zu können und um zu verhindern, dass die von jenseits des Rheins, die in großer Stärke dort lagerten, der Stadt Hilfe an Kriegsleuten oder an Lebensmitteln gäben.

Der Herzog also, der diesseits des umgeleiteten Flusses (Erft) stand, der zwischen dem Kaiser und ihm lag, ordnete seine Leute in zwei Verbände gleicher Formation und Zusammensetzung. Er wollte, dass sie sich gegenseitig unterstützen könnten, wenn es zum Kampf[1] käme. Im ersten Verband waren alle Fußtruppen, Pikeniere seiner Ordonnanzen und englische Bogenschützen, sowohl von der Kompanie des Messire Jean Midelton, seines Hofstaates und der Wache und von den Herren de Fiennes, Roeulx, Créqui, Hames, Piennes und anderer mit Lehen versehener Herren. Alle diese Pikeniere wurden so zwischen den Bogenschützen aufgestellt, dass jeweils zwischen zwei der letzteren ein Pikenier war. Auf dem rechten Flügel jener Fußtruppen bildete er eine Schwadron aus den berittenen Truppen des genannten Messire Jean de Midelton und denen der Kompanie des Jacques Galeotto. Zu ihrer Verstärkung stellte er den Grafen von Campo Basso und seine Kompanie bereit. Auf dem linken Flügel dieser Fußtruppen bildete er eine Schwadron aus den Herren de Fiennes usw. mit ihren Truppen und dem Grafen von Celano mit seiner Kompanie. Als Verstärkung stellte er die Truppen der beiden Kompanien der Herren Antoine und Pierre de Lignano in einer Schwadron zusammengefasst bereit. Und er ernannte zum Befehlshaber des ersten Verbandes Monseigneur Graf von Chimay, seinen Vetter, Rat und Kammerherrn.

Ins Zentrum des zweiten Verbandes befahl er eine Schwadron aus Kammerherren und Edelleuten seiner Kammer. Ein gutes Stück hinter ihnen zu ihrer Verstärkung gedacht, befahl er die der Garde als Schwadron unter der Führung von Olivier de la Marche, Haushofmeister und Oberst der besagten Garde. Auf die rechte Seite der Schwadron aus Kammerherren und Edelleuten seiner Kammer befahl er alle übrigen Bogenschützen seiner Garde zusammen mit den Bogenschützen der Kompanien des Messire Regnier de Broekhuizen[2], des Herrn von Chanteraines, des Georges de Menthon, des Jean de Longueval und des René de Valperga. Auf den (linken) Flügel der besagten Kammerherren und Edelleute seiner Kammer befahl er seine Leibbogenschützen[3] und die der Kompanien des Philippe von Berghes und des Philippe Loette. Auf den rechten Flügel dieser

[1] quand viendront au besognier
[2] Broekhuizen, geldrischer Ritter
[3] archers de corps

Bogenschützen stellte er alle übrigen Bewaffneten von Philippe von Berghes und Philippe Loette in einer Einheit zusammen. Als ihre Verstärkung benannte er die Edelleute der vierten Wache[4] seines (engeren) Hofes[5], auch sie in einer Schwadron unter Führung des Messire Guillaume de Saint-Seine, seines Hofmeisters und Befehlshabers der genannten vierten Wache. Der (gesamte zweite) Verband wurde befehligt von Seigneur de Humbercourt, seinem Rat und Kammerherrn, als Oberst an Stelle des Grafen von Joigny, und von Seigneur de Biévène.

Diese mit Sorgfalt aufgestellten Verbände durchquerten den Fluss an einer engen Furt mit recht hartem und gutem Untergrund. Ebenso überquerte nach den beiden Verbänden seine Artillerie den Fluss über eine Brücke ziemlich nahe bei der Furt, d.h. Steinschlangen, Feldschlangen und Bombarden in einer Zahl von 50. Da das eine Ende des kaiserlichen Lagers, das vom Rhein entfernt lag, sich in Richtung des Herzogs erstreckte und ihm nahe war und da die Deutschen dachten, der Herzog müsste von dort zu ihnen kommen, hatten sie den größten Teil ihrer Artillerie dort aufgestellt. Selbst die von jenseits des Rheins hatten ihre Geschütze auf diese Position[6] ausgerichtet. Um diesem Schlag[7] auszuweichen, ließ der Herzog seine Verbände die Erft aufwärts und dann nach links zu dem erwähnten Wäldchen ziehen, welches der Kaiser an diesem Tag durchquert hatte. Er ließ seine Verbände und deren Verstärkungen alle in der Ordnung aufziehen, die schon jenseits des Flusses bestand. Er stellte sich so auf, dass er die Sonne und den Wind im Rücken hatte, wobei letzterer riesige, starke und dichte Staubmengen aufwirbelte[8].

Als der Kaiser die herzogliche Streitmacht in dieser äußerst bemerkenswerten Ordnung heranrücken sah – ein Anblick, der Schrecken und Hochgefühl zugleich hervorrief –, ließ er aus seinem Lager vier bis fünf Tausend Reiter zusammen mit einer großen Menge Fußtruppen ausrücken. Seine in nicht abschätzbarer Menge aufgefahrenen Geschütze sowie die Artillerie von jenseits des Rheins, die nicht müßig war, schlugen und hämmerten[9] so schrecklich auf das Heer der Burgunder ein, wie niemals seit Menschengedenken. Trotz dieses tödlichen Blitzes

[4] estats
[5] hostel
[6] quartier
[7] bature
[8] Molinet stellt hier Karl in eine Reihe mit berühmten Heerführern der Antike, die durch eigene Klugheit und durch Eingreifen der Elemente den Sieg davon getragen haben sollen.
[9] ruer

und des Verderben kündenden Donners ließ der Herzog, der sich kaum darum scherte, seine Artillerie zusammen mit der italienischen Infanterie vorrücken, welche aus zusätzlichen Fußsoldaten bestand, die keinem Verband zugeteilt waren. Diese schossen derart in das Lager des Kaisers, dass kein Zelt und kein Pavillon ganz blieb, und sie schossen so große Löcher in sie hinein, dass man von innen den helllichten Tag sehen konnte.

Der Herzog wollte in dieser Stunde den Stand des Rittertums erweitern und stärken, dessen ruhmreicher Schutzherr er war, wie das von ihm prächtig ausgestattete Goldene Vlies deutlich kund tut. Damit die kühnen und tapferen Kämpfer, die vom Geist des Mars entflammt waren, Ehrentitel bekämen, um dadurch Ruhm zu erwerben, schlug er einige zu neuen Rittern. Dies wurden an jenem Tag Monseigneur Jean de Clèves, Monseigneur Graf von Rennes, Messire Frederick d'Egmont, Monseigneur de Baudeville, Messire Philippe de Berghes, der Enkel des Grafen von Campo Basso, der Enkel des Troylus (Hauptmann der Lombarden), Messire Augustin de Campofregoso, Messire Henry de Valperga, Messire Jean de Lalaing, Messire Jean de Longueval, Messire Jacques de Boussu, Messire Louis Vicomte de Soissons, Messire Georges de Menthon, Messire Charles de Happlaincourt, Messire Guillaume de Goux, Messire Jacques de Molain, Monseigneur de Coursain, Messire Jean de Créqui, Messire Antoine de Noyelles, Messire Philippe de Raville, Messire Compère. Von den deutschen Gebieten waren es Messire Maillart du Bacq (Herr von Rellingen), der Oberhofmarschall; ferner Messire Simon, Herr von Elouges, Messire Don Ladron de Guevara, Messire Jean Dichfidis, ein Engländer, Monseigneur de Disquemme, Messire Charles Chucquet, Messire Jean Lamelin, Herr von Famars und Messire Wautier des Fosséz.

Nach der Ernennung[10] dieser neuen Ritter ermahnte und ermutigte der Herzog mit lieblichen, trostvollen Worten seine Leute im Namen Gottes, Unserer Lieben Frau und des Hl. Georg[11], gut zu Werke zu gehen. Dann gab er seinen Streitkräften das Zeichen vorzurücken, und alles Kriegsvolk marschierte frohen

[10] la création
[11] Monseigneur Saint George

Mutes, wobei es das Kreuzzeichen machte. Die Engländer unter ihnen taten es auf ihre Weise: sie küssten den Boden und alle gemeinsam stießen sie darauf den Schrei aus: „Heilige Jungfrau! Heiliger Georg! Burgund!"

Da die Deutschen einen kleinen Berg besetzt hielten, ließ der Herzog (von Burgund) Jacques Galeotto, der den rechten Flügel des ersten Verbandes bildete, und den Grafen von Campo Basso, seine Verstärkung, dorthin marschieren. Sie gewannen auch den besagten Hügel, und die Deutschen wurden gezwungen abzuziehen und wurden beim Rückzug auf eine Ebene zwischen dem Hügel und dem Lager in die Flucht geschlagen. Von den ihren wurden mehrere bei der Einnahme des Hügels niedergemacht. Als sie sahen, dass es zur Sicherung des Lagers nötig war, die Ebene zu behaupten, strömten sie in großer Zahl zu Fuß und zu Pferde aus dem Lager heraus und warfen sich auf Jacques Galeotto. Dieser wurde gezwungen, sich in Richtung des Grafen, seiner Verstärkung, zurückzuziehen, von dem er sich beim ersten Ansturm etwas entfernt hatte. Als nun der Graf vorrückte und Galeotto seine Verstärkung herankommen sah, griffen sie zusammen erneut an und zerbrachen so die Reihen der Deutschen und trieben sie bis zum Lager in die Flucht; dabei wurden mehrere der Feinde niedergemacht und übel zugerichtet. Da Campo Basso und Jacques Galeotto keine Bogenschützen aus dem ersten Verband bei sich hatten, weil diese zu weit nach links abmarschiert waren, wurde zu dieser Stunde nichts weiteres gegen das kaiserliche Lager unternommen; um jedoch dem Geschützfeuer auszuweichen, zogen sie sich in ein Tal zurück. Daraufhin strömte erneut eine größere Anzahl Leute als zuvor, zu Fuß oder zu Pferde, aus dem Lager des Kaisers, um den Grafen und Jacques Galeotto anzugreifen. Der davon unterrichtete Herzog schickte darauf dorthin die Verstärkung des rechten Flügels des zweiten Verbandes, den Messire Georges de Menthon, Jean de Longueval und René de Valperga bildeten. Sofort danach schickte er die Verstärkung der Schwadron seiner Kammerherren auch dorthin, nämlich die Garde unter Führung von Messire Olivier de la Marche, zusammen mit dem ganzen rechten Flügel der Bogenschützen des zweiten Verbandes. Aber die Kriegsleute dieses Flügels, den

Kapitel 20 – Chroniques de Jean Molinet 123

Messire de Broekhuizen und der Herr von Chanteraines anführten, setzten sich früher in Bewegung als ihre Bogenschützen. Diese konnten ihnen nicht folgen, da sie zu Fuß waren. Ohne auf die Bogenschützen zu warten, drangen alle bei Campo Basso und Galeotto zusammengezogenen Kompanien gegen die so (aus dem Lager) herausgestürmte Streitmacht vor, unter welcher der Herzog von Sachsen und andere bedeutende Fürsten Deutschlands waren, zerschlugen ihre Reihen und drängten sie bis in ihr Lager zurück. Aber da die besagten Kompanien noch ohne Bogenschützen waren, wurden sie infolge des Geschützfeuers gezwungen, sich in das beschriebene Tal zurückzuziehen.

Von edlen Fürsten und einer großen Menge von Fußvolk und Reiterei begleitet, ging nach diesem Rückzug der Herzog von Sachsen, der das kaiserliche Banner trug, mit aller Kraft gegen die Burgunder vor und schlug den rechten Flügel des ersten Verbandes und dessen Verstärkung zurück. Diese wichen alle geschlossen bis zur Garde zurück, die in bewundernswerter Weise standhielt. Als der Herzog das sah, nahm er eine Schwadron zu seiner rechten Hand, um seine Feinde anzugreifen, und ließ die Bogenschützen des rechten Flügels bis zu seiner Garde vorrücken, um den linken Flügel der Deutschen anzugreifen. Er selbst kam dann in eigener Person, um die arg durcheinander geratenen und widersprüchlich befehligten Schwadrone wieder zu sammeln. Nachdem ihm dies gelungen war, griff er die Fürsten an, die, wie erwähnt, eine große Streitmacht befehligten. Deren Reihen wurden sofort durchbrochen, und sie wurden in die Flucht geschlagen. Mehrere von ihnen zogen sich mit 600 oder 800 Reitern in Richtung Köln zurück. Der Rest befand sich in großer Verwirrung auf dem Schlachtfeld, weil sich die Artillerie des Herzogs alle Mühe gab, weiterhin kräftig zu schießen. Sie schoss so kräftig, dass ein Teil der Fußtruppen, bis zu 2000 oder 3000, welche dachten, sich auf die Schiffe retten zu können, im Rhein ertranken. Sie hatten ihre Waffen und Sachen auf der ungeordneten Flucht in den Rhein geworfen und bald schwamm eine große Anzahl Männer tot oder ertrunken im Wasser und wurde an die Insel vor Neuss angetrieben. Und – auch das entspricht der Wahrheit – der linke Flügel und die Verstärkung des ersten Verbandes unter Führung von Monseigneur Graf de Chimay schlugen die Deutschen kraftvoll in ihr Lager zurück. Darauf entschied der Herzog, alle seine Einheiten vorrücken zu lassen, um sich beim Tross des Kaisers zu vereinigen und diesen dann voller Kampfesmut anzugreifen; er ließ (deshalb) seine Artillerie an Stellen auffahren, von wo sie am besten angreifen konnte. Aber der Tag neigte sich zu sehr, und die Nacht schickte ihre Dunkelheit, bevor dies durchgeführt werden konnte.

Da der Herzog diesmal nicht weiter vorrücken konnte, kehrte er in aller Gemächlichkeit ohne irgendeine Behinderung in sein Lager zurück und ließ alles vollständig und unbeschädigt zurückbringen. Obgleich der Beschuss durch die Deutschen hart, ununterbrochen und von bemerkenswerter Heftigkeit war, gab es auf seiner Seite – was fast schon an ein Wunder grenzt – nur drei Tote und sechs Verletzte. Nichtsdestoweniger versetzte den burgundischen Truppen die Gegenbelagerung von jenseits des Rheins schreckliche Schläge. Die in der Stadt schliefen während der Schlacht ebenfalls nicht, denn sie überfielen das Quartier von Georges de Menthon, woraufhin sie mit aller Kraft wieder in ihre Festung zurückgedrängt wurden. Im Morgengrauen des nächsten Tages, es war Fronleichnam, sammelte der Herzog seine Einheiten, um noch einmal wie schon beschrieben anzugreifen. Aber um seine angeschlagenen Truppenverbände wieder in Ordnung zu bringen, ließ der Kaiser durch den Legaten um einen dreitägigen Waffenstillstand nachsuchen, der ihm unter bestimmten Auflagen gewährt wurde.

Wo ist nun die Feder, die genügen könnte, diesen ruhmreichen Sieg zu Papier zu bringen, den dieser vorzügliche und glänzende Herzog heute davongetragen hat? Ihr Erforscher außerordentlicher Taten der Vergangenheit, ihr laset die Geschichten von Herkules und Jason, von Alexander und Samson, habt ihr eine bewundernswürdigere Tat gelesen, habt ihr eine vergleichbare Sache gesehen? Ein Herzog von Burgund hat im Feindesland vor einer der befestigten Städte Deutschlands, ohne Furcht vor Beschuss, sei es aus Kanonen oder Steinschleudern, gleichzeitig die Belagerung fortgeführt, seine Gegenbelagerer zurückgewiesen und den Mächtigsten dieser Welt bekämpft! Oh siegreicher, glückseliger Herzog, danke Gott, wenn Du Sieger bist und preise Fortuna, die Dir dies Los bestimmt hat. Sie hat Dir diesmal den schönen Anblick ihrer liebenswerten Gesichtshälfte gezeigt, und Du sitzt auf ihrem höchsten Thron. Hüte Dich vor ihrer Wankelmütigkeit, denn diese schreckliche Rabenmutter wendet oft ihr Gesicht und stürzt die zu den höchsten Höhen Gestiegenen in den Schmutz!

Kapitel 21

Das Abkommen über die Stadt Neuss.

Während der Zeit des dreitägigen Waffenstillstandes wurde durch den Legaten ein Vertrag zur Zufriedenheit der Parteien ausgehandelt. Danach sollte die Stadt Neuss unbeschadet der kaiserlichen Rechte in der Hand des Legaten bleiben, und der ihretwegen bestehende Zwist sollte der Entscheidung Unseres Heiligen Vaters vorbehalten bleiben. Auf diese Weise wurde die Belagerung der Stadt Neuss, nachdem diese das unerträgliche Elend des Krieges erlitten, dabei immer standgehalten und alle Anstürme abgewehrt hatte, mit großem Lob, Ehre und höchstmöglichem Ruhm für sie infolge der klugen und weisen Beschlussfassung derer beendet, die für ihre Politik die Verantwortung trugen. Sie hatten am Tag des Abkommens noch genug Getreide für ein Jahr und reichlich Rheinwein, Malviserwein (gekochter Muskatwein) und Bier. Zugpferde gab es nicht mehr[1]. Insgesamt gab es noch zwölf Pferde und noch vier andere, die zum Drehen der Mühlen eingesetzt waren. Alle Annehmlichkeiten wie Milchspeisen, Butter, Käse, Eier und Früchte waren ausgegangen. Wenn einer verletzt war, kam er mangels Medizin um. Die Soldaten bekamen ihre Lebensmittel täglich im Hof des Erzbischofs und das gemeine Volk bei zwei Bürgern der Stadt, die ihnen jeden Tag die nötigen Dinge zukommen ließen.

Von den 1400 – 1500 Verteidigern, Söldnern und anderen, die sich am Tage des Belagerungsbeginns in Neuss befanden,

[1] nulles chars n'avoyent sinon de cheval

waren nur ungefähr 500 übriggeblieben; während der Belagerung sind an Kriegsleuten, Bürgern und anderem gemeinen Volk, an Frauen und Kindern ungefähr 3000 gestorben.

Von diesem Tag an fanden sich dank dieses Abkommens die Leute aus der Stadt beim Heer des Herzogs ein, um zu kaufen, was ihnen am besten zusagte, und die Leute des Heeres betraten Neuss, wobei sie vorgaben, zum Hl. Quirinus zu pilgern. In Wirklichkeit aber wollten sie sich die Verteidigungsmaßnahmen der Stadt anschauen; dabei wunderten sie sich außerordentlich, dass diese sich so lange gegen eine so mächtige Streitmacht gehalten hatte.

Wappen der Stadt Neuss

Um 1200 zeigte das Wappen der Stadt Neuss ein weißes Kreuz auf rotem Schild, am 2. September 1475 verlieh Kaiser Friedrich der Stadt ein zweites Wappen: ein goldener doppelköpfiger Adler im schwarzen Schild, darüber die deutsche Königskrone. Um 1560 vereinigte die Stadt Neuss beide Wappen zu einem Wappen, das von zwei goldenen Löwen als Schildhalter gehalten wird.

Kapitel 22

Das harte militärische Treffen, welches wegen des Abzugs der beiden Fürsten stattfand.

Obgleich Vertrag und Abkommen zwischen Kaiser, Kurfürsten und Fürsten Deutschlands einerseits und Herzog Karl andererseits ehrenhaft ausgehandelt, abgeschlossen und bei Strafe der Exkommunikation zu halten beschworen worden waren und obwohl Kaiser und Herzog zu gleicher Stunde mit ihren Heeren aufbrechen sollten, kam es zu langwierigen Verhandlungen über den Abzug der Heere. Denn jeder von Ihnen wollte gemäß seiner Würde, seines Rufes oder seiner Leistung an seiner Wichtigkeit festhalten (indem er als letzter abmarschierte), insbesondere Herzog Karl, der sehr auf seine Ehre hielt[1].

Während dieser Verhandlungen beschlagnahmten die Deutschen von jenseits des Rheins einige Schiffe des Herzogs, hielten sie fest und raubten sie aus. Auf diese hatte Karl, um dem Kaiser zu gefallen, Teile seiner schweren Artillerie zum Transport ins Heimatland verladen lassen. Gleichzeitig wurden ihm einige andere am Ufer festgemachte Schiffe geplündert und verbrannt. Der Herzog war über diese Vergehen sehr aufgebracht und beschloss, seine Verbände solange in Kampfbereitschaft zu halten, bis er Wiederherausgabe und angemessene

[1] magnanime

Wiedergutmachung erlangt hätte; um dies zu erreichen, wandte der Legat (des Papstes) alle seine Machtmittel an, was aber kaum etwas einbrachte.

Der Herzog – immer auf der Hut – hatte sich (von Neuss) entfernt und auf einer kleinen Motte halt gemacht, von der er das Heer des Kaisers beobachten konnte. Er bestimmte – es war der 16. Juni – persönlich die Stelle für den Wachposten des Tages, zu nahe beim Lager der Deutschen und zu nahe für die Begierden einiger der Kaiserlichen, wie sie es anschließend bewiesen. Denn am gleichen Tag – so um die sechste oder siebente Stunde nach Mittag – brachen einige vom Heer des Kaisers in ziemlich großer Stärke auf, wobei sie so taten, als wollten sie eine Übung abhalten[2]. Sie begannen dann aber gemäß vorheriger Absprache mit ihrer Artillerie heftig und stark auf den Wachposten zu schießen. Einige Berittene versuchten sogar ihn anzugreifen. Der Wachposten, wie wenig Leute es auch waren, hielt so gut wie möglich stand.

Kaiser Friedrich III. (1440–1493) nach einem Kupferstich von P. von Sompel nach einem Bild von P. Soutman

Der Herzog sah, wie sich die Streitkräfte der Deutschen in großer Menge vervielfältigten und Reihe auf Reihe zu Pferd als auch zu Fuß heranrückten. Er schlug daraufhin vor, dorthin zu ziehen und ließ seine Garde das Flüsschen durchqueren, welches bei der ersten Schlacht mit dem Kaisers passiert worden war. Als er sah, dass sich die Deutschen daran machten, sich auf seine Burgunder zu werfen, ließ er nach seiner Garde die Edelleute seiner Garde, die Edelleute seines engeren Hofes und einen Teil der Ordonnanzkompanien ausrücken. Der Rest der Kompanien zog mit den Fußtruppen des Herzogs auf ein Feld in Richtung der Stadt Neuss, damit die Feinde aus diesem Lager nicht einen Überfall auf sie unternähmen.

Als der Herzog sah, dass große Scharmützel zu kleinen Schlachten wurden, welche von beiden Seiten Zulauf fanden, über-

[2] aller esbattre

Maximilian I. (1459–1519) Sohn Kaiser Friedrichs III. – **Maria von Burgund** (1457–1482) Tochter Karls des Kühnen
Quelle: Bayerische Staatsbibliothek Cod.germ.895 S,334v und 359r

querte er das Flüsschen, um seinem Heer Mut zu machen. Bei seiner Ankunft wurden seine Leute von so großer Angriffslust ergriffen, dass sie machtvoll gegen ihre Gegner marschierten und zwischen dem Flüsschen und dem Lager des Kaisers 3000 bis 4000 Mann zu Fuß wie zu Pferde einschlossen. Die Burgunder bedrängten diese Menge so hartnäckig von vorne wie auch von der Seite wegen des Rheins, den sie im Rücken hatten, dass von ihr zu Lande wie auch zu Wasser ungefähr 3000 getötet wurden.

Einige bestiegen Schiffe, um sich zu retten, aber in solcher Menge, dass diese auf Grund liefen und die Flüchtenden ertranken. Die anderen wurden mit scharfen Lanzen und spitzen Schwertern bis in ihr Lager gejagt, wobei mehrere adelige Streiter Deutschlands niedergemacht und getötet wurden. Zu diesen Eingeholten, Niedergemachten und von Hand Getöteten gehörte der edle Graf von Ruverburghe.

Kapitel 22 – Chroniques de Jean Molinet

Dieses Werk[3] wurde vom Herzog ohne Artillerie und fast ohne Verluste bewältigt, wenn man von fünf bis sechs Toten und ebenso vielen Verletzten absieht. Unter diesen waren der Vicomte de Soissons, der Neffe von Monseigneur de Chanteraines und ein Leibschütze.

Als der Herzog die Dunkelheit der Nacht herankommen und den Mond ganz aufgegangen sah, stellte er fest, dass die Deutschen nicht aus ihrem befestigten Lager[4] herauskamen, in dem sie sich eng beieinander gepresst hielten. Obwohl seine Streitkräfte viel größere Lust zum Angreifen als zum Schlafen hatten, ließ er sie ganz nach seinem Wohlgefallen zurückgehen.

Eine Stunde später wandten sich der Kaiser und die Kurfürsten mit der Bitte an den Herzog, ihre Toten einsammeln zu können. Dabei suchten sie auch darum nach, Beauftragte zu entsenden, um die Trennung der beiden Heere anzuordnen und um über die Rückgabe der herzoglichen Artillerie zu verhandeln. Dies gewährte ihnen der Herzog großzügig, denn dadurch würden ihm seine Pulvergeschütze, die ihm das Kriegsvolk[5] geraubt und gestohlen hatte, wieder erstattet. Das Geld zum Rückkauf brachten die Fürsten Deutschlands unter sich auf. Und als das alles durchgeführt war, kehrten die beiden Heere in ihre Gebiete[6] zurück.

[3] besogne
[4] clostures
[5] rustres de guerre
[6] la marche: eigentl. Grenzmarken

Vorwort von Molinet zu den Chroniken insgesamt.

Fundata est domus domini super verticem montium[1].

Prachtvoll gegründet auf den Gipfeln der Berge ist das leuchtende und strahlende Haus des Herrn und Herzogs von Burgund. Die Größten dieser Welt, wie die siegreichen Fürsten, Herrscher und Leiter der Gemeinwesen zu nennen sind, ragen wie Berge empor, auf denen die erhabene Herrschaft der Ehre zu Hause ist, wohin die edlen Helden dieses Zeitalters ihr Antlitz wenden und Arme und Hände ausstrecken. Wie sich unter den mächtigen Gebirgsmassiven schroffe Felsen, scharfkantige Steinblöcke und steilabfallende Wände ducken und erzittern, so erheben und ducken sich vor den Größten dieser Welt grausame Gewaltherrscher, hochtrabende „Satelliten"[2] und unbeugsame Aufrührer. Das hochedle, strahlende und reiche Haus Burgund befindet sich nachweislich auf dem Gipfel dieser mächtigen Berge. Sein Ruf durchdringt die 7 Erdkreise, sein Licht erhellt die Finsternis der Welt und seine Schönheit ziert den Adel des Abendlandes. Dies alles beruht auf der bewundernswerten Tatkraft[3] und der außerordentlichen Leistung von vier großen und starken Säulen, auf denen dieses Haus prachtvoll errichtet ist.

---

[1] Fest gegründet ist das Haus des Herrn auf dem Gipfel der Berge.

[2] fiers satellites

[3] vertu

Der erste Pfeiler, auf dem dies Gebäude ruht, spross einst aus kräftiger königlicher Wurzel, aus der gleichen, aus der die glückbringende Herrschaft des höchst christlichen Königs Karl stammt, des Fünften seines Namens, und die seitdem unter dem Lilienbanner blüht[4]. Dieser höchst edle und kraftvolle Pfeiler, der diesem Haus Grundlage und Fundament gab, war der sehr tapfere und heldenhafte Herzog Philipp der Kühne[5], Sohn des Königs Jean de Valois und Bruder des oben genannten Königs Karl.

Eben diesem Herzog wurde wegen seiner edlen Taten und ruhmvollen Leistungen das berühmte und fruchtbringende Herzogtum von Burgund als Erbe übertragen. Auf ihm wurde das Haus (der späteren Herzöge von Burgund), das vorher dem Verfall anheimgegeben war, machtvoll errichtet, weil es aus königlichem Spross war, der im Garten des Francus[6] heranwuchs. Es wurde durch Hochzeit mit der edlen und klugen Margarete von Flandern, Tochter des Grafen Louis de Mâle, verbunden.

Diese beiden bedeutenden Persönlichkeiten zeugten, vereint durch das eheliche Band, einen Mann von großer Wertschätzung und hohem Ansehen, den Herzog Johann von Burgund. Flink bei den Waffen und höchst schlachtenkundig war er der Gefürchtetste von denen, die zu seiner Zeit herrschten. Mit der Stärke seines Armes und der Schärfe seiner Schwerter bearbeitete, beschliff, behobelte und entfernte er die krummen Knoten und Knarzen und schief gewachsenen Gehölze, die verhinderten, dass sein Haus im Lichte stand.

Der gute Herzog Philipp (1419 – 1467), sein Sohn, ward der dritte Pfeiler, der dies Haus in die stattliche Höhe erhob, der es durch Erbfolge um mehrere Kammern erweiterte, der ihm Licht gab mit seinem strahlenden Feuerstahl[7] und dem goldenen Glanz des heiligsten und kostbarsten Goldenen Vlieses[8].

Der hochberühmte Herzog Karl, sein rechtmäßiger Nachkomme, ist der vierte Pfeiler, der dieses Haus mit seinen höchst bewundernswerten Taten erhellt und verschönt. Er erniedrigte

---

[4] Karl V. führt Lilien ins frz. Königswappen ein.

[5] Philippe le Hardi, wird 1363 mit Burgund belehnt.

[6] jardin francigène: in Nachahmung der Aeneis entsteht am französischen Königshof die „Franciade", wonach die Franken wie die Römer Nachfahren der Trojaner sind. Francus, ein Sohn des Priamus, sei beim Untergang seiner Vaterstadt mit Resten der Trojaner donauaufwärts ziehend an den Niederrhein gelangt. Vgl. Hagen von Tronje, Xanten = Troja Nova

[7] fusil: ein von einem Eisenring umgebener Feuerstein wird eines der Symbole des Hauses Burgund. „Le fusil" erinnert in seinem Aussehen in der bildlichen Darstellung an einen Hobel.

[8] Philipp dem Guten gelingt es, die Lehnspflicht des Herzogtums Burgund gegenüber Frankreich aufzuheben und einen schlagkräftigen burgundischen Kernstaat zu schaffen. In Anlehnung an die Antike (Jason) schuf er den „Orden des Goldenen Vlieses", durch dessen Verleihung er auch über die politischen Grenzen seines Reiches hinaus persönlichen Einfluss auf benachbarte Fürsten nehmen konnte.

mit starker Hand die stolzen, aufrührerischen Rebellen, die rebellischen Aufrührer, die verführenden Schacherer und die schachernden Verführer und erhebt dieses Haus bis in die höchsten Sphären und zu alles überstrahlender Helligkeit, so dass die Inseln jenseits der Meere davon den Glanz wahrnehmen. Es ist, um im Bilde zu bleiben, wie die Burg von Sichem[9], der Thron Salomons, die Arche (Noahs), der Palast von Ninive, das feste Ilion, der Tempel des Mars und das römische Kapitol, auf dem Senatoren und waffentragende Konsuln erörtern und beraten, um das Gemeinwesen gut zu leiten und zu verwalten.

Diese vier Säulen, aus dem lilientragenden Garten in direkter königlicher Abstammung (zu uns) herabgekommen, verknüpft, verbündet und vereint mit vier duftenden Margareten, können auf Grund ihres guten Lebenswandels und ihres lobenswerten Ranges mit den vier Kardinaltugenden verglichen werden, ohne die keine Macht, so hoch sie auch angesiedelt sei, lange gedeihen kann, ohne in Verfall zu geraten.

Herzog Philipp der Kühne zeigte scharfen Verstand und weise Entscheidung, als er seinen Vater, König Johann von Frankreich, der auf dem Schlachtfeld von den Engländern gefangen worden war[10], nicht im Stich ließ, während ihn seine älteren Brüder im Stich ließen. Zusätzlich sah er irgendwie die hochedle Nachkommenschaft des Geschlechtes und den Machtgewinn voraus, die ihm entstehen könnten, wenn er sich mit der Gräfin von Flandern verbände. Deshalb ist es erlaubt, diesen Philipp ohne jedes Bedenken der heilbringenden Tugend der Klugheit zuzuordnen.

Sein Sohn, Herzog Johann, Fürst ohne Furcht, von hohem Mut in all seinem Handeln, beständig wie Stein aus gewachsenem Fels, so sehr entflammt in kühnem Mut, dass ihm nichts zu gefährlich oder zu schwer war, kann wegen seiner Fähigkeiten und Verdienste der Stärke zugesellt werden, die innerhalb der Kardinaltugenden sehr empfohlen ist.

Der gute Herzog Philipp war sehr sanftmütig, menschlich, sehr fröhlich und von solchem Geschick in allen schwierigen Ange-

[9] Barris, vgl. Altes Testament, Richter, IX, 46

[10] Schlacht von Maupertuis bei Poitiers 1356

legenheiten, so würdig des höchsten Lobes, dass Gott und die Natur bei ihm nichts vergessen hatten. Und da die Mäßigung die Tugend des Mutes ist, welche in uns die ungestümen Bewegungen bremst, muss ihm diese glorreiche Tugend zugeschrieben werden. Mehrfach hat er seinen Zorn gegen seine Feinde gedämpft, die er mit Waffengewalt gut besiegen konnte. Er hat selbst gegen diejenigen friedliche Gedanken gezeigt, die seinen Vater umbrachten. Niemals gab es auf der Welt einen gütigeren, milderen, freigiebigeren, verehrungswürdigeren Prinzen.

Herzog Karl, sein Sohn, von Mars, dem Gott der Schlachten, begeistert[11], ein wiederauferstandener Odysseus, ein zweiter Scipio, ein kleiner Alexander und ein großer Hannibal, weckte die benachbarten Provinzen auf bewundernswerte Weise mit dem Klang seiner Trompeten auf. Aus der edlen Waffenkunst machte er das mehr als Mögliche, da er sich durch kühnes Unternehmen an die Spitze des abendländischen Adels stellen wollte[12]. Er ist zu Recht der Gerechtigkeit, der Königin der Tugenden, zugesellt.

Mit diesen vier hoch erlauchten Prinzen aus königlichem Geschlecht[13] sind es vier edle Margareten der gleichen Art, die dieses „Haus" stark vergrößert, bereichert und erweitert haben; so viele Räume, Kammern, Anbauten, Weinberge, Einfriedungen, Gärten, Wiesen und Weiden als Besitz und anderes haben sie eingebracht, dass darüber mehr geredet und mehr Lob gespendet wurde als bei allen anderen Herrscherhäusern.

Zunächst brachte Margarete von Frankreich, Tochter Philipps des Langen[14] und Gattin eines Herzogs von Flandern, diesem die zwei Grafschaften Artois und Burgund als Erbteil ein. Margarete von Brabant, vermählt mit dem Grafen Louis de Mâle, der vorher erwähnt wurde, brachte diesen in den Besitz der Herzogtümer und Länder Lothringen, Brabant und Limburg.

Margarete von Flandern, Mutter des Herzogs Johann (1404 – 1419), fügte die Grafschaft Flandern und andere Ländereien hinzu. Und Margarete von Bayern, Tochter des Herzogs Albert, Gemahlin des schon genannten Herzogs Johann, fügte dort noch die Grafschaften Hennegau, Holland, Seeland und die

[11] inspiré
[12] peser les quartiers occidus / d'occident en / à sa ballance
[13] descendus du champ des fleurs de lis
[14] König Philipp V. von Frankreich

Herrschaft Friesland hinzu. Und so können jene, die vollständig den Aufbau und das Leuchten dieses prachtvollen, in die Höhe der höchsten Berge erhobenen Hauses erfassen, sowohl im Hinblick auf die kunstvolle Bearbeitung der vier Pfeiler wie auch im Hinblick auf die augenfällige Schönheit der Blumen und kostbaren Steine leicht sagen: die Türen sind mit „Margareten (wörtl. Perlen)" geschmückt[15]. Und was den mächtigen und gefürchteten Herzog Karl anbetrifft, so ist er um sein Ansehen in allen Ländern und Provinzen zur Zierde dieses strahlenden Hauses zu vermehren, kürzlich an die Grenzen und Marken des Deutschen Reiches gezogen. Er hat sein Banner vor der starken Stadt Neuss aufgepflanzt[16], um sie zu belagern. Und ich, Jehan / Jean Molinet, weit entfernter Nachahmer der Geschichtsschreiber, habe mich auf Grund seines Befehls vorgewagt, die ruhmreichen Heldentaten, die lobenswerten Leistungen und ehrenhaften Waffengänge, die sich von nun an ereignen werden, von der einen Seite wie von der anderen, sowohl im herzoglichen Haus, wie in dessen Umgebung zu sammeln, zu ordnen und zu Papier zu bringen. Ich bitte dabei demütigst[17], alle Erzähler, Berichterstatter und Erforscher dieser ritterlichen Glanztaten, welche Lehrer und Schüler des Mars ausgeführt haben, nach ihrem eigenen Gutdünken Überflüssiges zu beschneiden, Fehlendes zu ergänzen und Unverständliches zu erhellen, um so mein Werk in Übereinstimmung mit der Wahrheit und der richtigen Erkenntnis zu bringen und zwar in dem Maße, dass ich etwas schreiben kann, was Gott gefällig sei, den Fürsten zur Ehre diene und meiner Seele zum Heile gereiche.

---

[15] Porte nitent margaritas / Perle = margerita = Ansp. auf Margarete

[16] éplanté son siège

[17] très humblement

Anhang

Als Übersetzungsvorlage dienen die „Chroniques de Jean Molinet", veröffentlicht von Georges Doutrepont und Omer Jodogne, Brüssel 1935 ff. Basis dieser Ausgabe war die Auswertung von ungefähr 30 handschriftlichen Überlieferungen der Molinet'schen Chronik. Eine der ältesten, das Manuskript D (beendet vor 1514), stand nur eine kurze Zeit zur Verfügung, da sie in den Kriegswirren von 1914 in der Universitätsbibliothek von Löwen in Belgien verbrannte. Die Ausgabe von 1935 liefert alle Variationen des Textes, was beim Übersetzen oft hilfreich war. Ein für Neuss glücklicher Zufall hat dazu geführt, dass als Beispiel unterschiedlicher Textüberlieferung der Beginn des Berichtes der Belagerung der Stadt Neuss in zehnfacher Fassung abgedruckt wurde.

In einem zweiten Band veröffentlichen Doutrepont und Jodogne ein Glossar sowie ein ausführliches Namens- und Ortsregister. Das Namensregister war auf Grund dauernd wechselnder Schreibweise und häufiger Vornamengleichheit ausgesprochen nützlich; trotz der bei Molinet vorherrschenden Tendenz, die Namen zu französieren oder Namen seiner pikardisch–flämischen Heimat anzupassen (Galeotto wird zu Galyot usw.) wurde die von Doutrepont und Jodogne 1935 gewählte Schreibweise übernommen. Das Ortsregister war zumindest für den Bereich Neuss und Rheinland wenig hilfreich: Beim Entlastungszug nach Linz kommt es zwischen Rambaille und Saint–.....? zu einem Gefecht, dessen Ort eindeutig linksrheinisch gegenüber von Linz anzusiedeln ist. Ein Blick auf eine Landkarte verweist auf Remagen und Sinzig. Doutrepont und

Jodogne geben statt dessen Rheinbrei(t)bach und Scheuren an, welche beide rechtsrheinisch in der Höhe von Unkel liegen.

Molinets Art zu schreiben entspricht dem ausufernden Stil seiner Zeit: extrem lange Gliedsätze, unorthodoxer Gebrauch der Zeiten und viele Partizipialkonstruktionen. Letztere verkürzen zwar die Sätze, lassen aber vereinzelt die Frage unbeantwortet, ob der Nebensatz einen zeitlichen, begründenden oder rückbezüglichen Charakter hat. Auffällig sind ferner häufige Füllsel in der Form von „und" (et) oder „denn" (car), was beim Vortrag des Textes sinnreich ist, nicht aber bei der Lektüre. Erschwerend für die Übersetzung ist die geradezu barocke Freude Molinets an Wortspielen, Aufzählungen, Gegensatzpaaren, Klangassoziationen und Reimen. Wo entsprechende Sprachbilder im Deutschen fehlen, wird die französische Vorlage als Anmerkung beigefügt. Molinets Stil ist seiner Zeit entsprechend pathetisch; bei den Passagen im Anhang wird er soweit wie möglich beibehalten.

Wer war Jean Molinet? 1435 in Dèvres bei Boulogne geboren stirbt er 1507 in Valenciennes. Er studiert in Paris, erhält den Grad des Magister Artium. Ab 1462 tritt er in den Dienst des Hauses Burgund. Vor Neuss beauftragt ihn Karl der Kühne, die Geschichtsschreibung des Hauses Burgund an Stelle des erkrankten Georges Chastellain weiterzuführen, der 1475 während der Belagerung stirbt. Molinets Chroniken füllen die Zeit von 1474 bis 1506 aus. Das bedeutet, dass er nach dem Tod Karls von Maximilian von Österreich und dem Haus Habsburg als Historiograph und indicateur übernommen wird. Verwitwet wird Molinet Priester (1499); ab 1490 scheint er nicht immer regelmäßig und seiner Ansicht nach zu schlecht bezahlt worden zu sein.

Molinet schreibt für das dem Hofe nahestehende Publikum seiner Zeit und setzt eine bestimmte Allgemeinbildung voraus. Seine Bilder und Vergleiche stammen aus dem Buch der Bücher, der Bibel, hier besonders das Alte Testament, sowie aus den antiken Geschichtsschreibern. Zumindest bei dem Bericht über die vergebliche Belagerung von Neuss tritt er nicht bewusst als Vermittler von Wissen auf. Er will interessant und amüsant heroische Taten vor einem insgesamt informierten Publikum erzählen und kommentieren, dabei Geschichten zu Geschichte werden lassen, wobei er zweifelsohne hier und da augenzwinkernd mit seinem Wissen prunkt. Dass dabei der chronologische Ablauf nicht immer respektiert wird, scheint seine Zuhörer nicht besonders zu stören. Eindeutig im Zentrum seines Textes steht sein Auftraggeber, den die Franzosen „den Tollkühnen", die Niederländer „den Stolzen" nennen. Karl der Kühne ist das Vorbild an Tugend (vertu), an Heldenhaftigkeit (prouesse), an Religiosität; Molinet lobt heiß seine Vorliebe für Musik und seinen guten Geschmack. Nur selten stellt er – wissend um das traurige Ende – die politischen Entscheidungen Karls in Frage.

Ob die Lektüre der Chronik von Molinet, abgesehen vom interessanten lokalen Neusser Aspekt, für den Leser unserer Zeit bereichernd wirkt, sei dahingestellt. Seine Zeitgenossen waren mit ihm zufrieden, wie es die Verleihung des Adelstitels (1504) an Jean/Jehan de Molinet beweist.

Zuletzt noch einige Anmerkungen:

Bei Köln unterscheidet Molinet zwischen Coloniens = die Kölner und ceux de Cologne = die Truppen der Stadt Köln. Für Neuss fehlt diese Unterscheidung. Molinet schreibt stets ceux de Neuss oder ceux de la ville. Je nach Zusammenhang wird mit Neusser d.h. Bürger und Einwohner übersetzt oder mit „die von Neuss" bzw. „die der Stadt", wenn es sich um Truppen im Dienst der Stadt Neuss handelt.

Problematisch sind die Angaben der Tageszeiten. Üblicherweise rechnete man je 12 Stunden von Sonnenaufgang bis Sonnenuntergang für den Tag und wiederum 12 Stunden für die Nacht. Im Winter dauert folglich eine Tagesstunde ca. 45 Minuten à 60 Sekunden, die Nachtstunden entsprechend länger. „Neuf heures en la nuit" (Kapitel 6) hieße also 3 Stunden vor Sonnenaufgang, Ein anderer beliebter Zeithinweis bezieht sich auf „dîner", die Hauptmahlzeit. Sie wird im Mittelalter von vormittags, über mittags auf den Abend gelegt und auch heute regional in Frankreich noch statt déjeuner benutzt. Im Winter wurde wegen des Tageslichts nur zweimal gegessen, gegen 10 Uhr und gegen 16 Uhr, im Sommer dagegen viermal. Die zeitliche Zuordnung von dîner hängt also auch von der Jahreszeit ab.

In Kapitel 22 benutzt Molinet den Begriff „environ VI ou VII heures de vespre" des 16. Juni, was nicht in das übliche Schema passt. Im religiösen Bereich (Klöster etc.) hielt man die 60 Minuten–Einheit pro Stunde bei; die Vesper war das Abendgebet (18 Uhr). Der Textzusammenhang ließe eine Textreparatur zu „environ VI ou VII heures (après dîner), heure de vespre". Das heißt: ungefähr 6 oder 7 Stunden (nach dem Essen), zur Zeit der Vesper.

Hermann von Hessen und Neuss

von Jürgen Huck

Statue des Hermann von Hessen, geschaffen von Elmar Hillebrand, Köln, als Ehrengabe für die Träger des „Hermann–von–Hessen–Preises – Verteidiger der Stadt Neuss" der Vereinigung der Heimatfreunde Neuss

Allgemeines

Die im Regelfall selbstbewusste Stadt Neuss hat zu ihren früheren Landesherren, den Erzbischöfen und Kurfürsten von Köln, vom Mittelalter bis zur Säkularisation des Kurstaates zu Beginn des 19. Jahrhunderts oft kein gutes Verhältnis gehabt. Andererseits aber hat sich auch niemand von ihnen so sehr wie Hermann IV. Landgraf von Hessen (1480–1508)[1] mit Neuss verbunden gefühlt. Das erklärt sich vor allem durch gemeinsames Schicksal in der kölnischen Stiftsfehde, in der Karl der Kühne Herzog von Burgund († 1477) die Stadt Neuss 1474–1475 belagerte und vergeblich zu erobern versuchte[2]. Ungeachtet des großen Verdienstes des Hermann von Hessen als des Befehlshabers der heldenhaften Verteidigung der Stadt Neuss dabei, haben deren Bürger hernach wenig getan, um sein Andenken in Ehren zu halten. Hier, auf dem Markt, wurde nicht ihm, sondern dem um Neuss erheblich weniger verdienten, damals regierenden deutschen König und Kaiser Friedrich III. (1440–1493) ein erzenes Standbild errichtet. Französische Revolutionstruppen haben es 1794 vernichtet. Die Neusser hatten bei des Kaisers Ehrung viel zu wenig bedacht, daß der sich während des Neusser Krieges 1474 nur recht langsam zum Entsatz ihrer durch den Burgunderherzog so sehr bedrohten Stadt hatte aufraffen können[3] (Aufbieten des Reichsheeres erst am 27. August 1474), und auch nicht, daß der Kaiser der Stadt Neuss dann 1475 – ohne persönlichen Einsatz – nur einige ehrenvolle und wirtschaftsfördernde Privilegien geschenkt hat, die ihn obendrein nichts kosteten.

So wenig, wie es in Neuss jahrhundertelang ein Standbild zu Ehren des Hermann von Hessen gegeben hat, so ist hier bisher auch keine Untersuchung über seine Beziehungen zu der Stadt Neuss vorgenommen worden, sieht man von knappen Darstellungen über seine Rolle während der Abwehr des Burgunderherzogs ab[4]. Bevor hier nun über Beziehungen zwischen Hermann und Neuss berichtet wird, bedarf es einiger Ausführungen über seine Herkunft und erste Lebenszeit bis zum Beginn der Belagerung von Neuss am 29. Juli 1474.

Als dritter Sohn seiner Eltern, Ludwig I. Landgraf von Hessen (1413–1458)[5], genannt „der Friedsame", und Anna von Sachsen (1420–1462), dürfte Hermann um 1449/1450 geboren worden

---

[1] Beutler, Werner: Hermann IV. Der Friedsame von Hessen, Erzbischof von Köln (1480–1508), in: Rhein. Lebensbilder, Bd 13 (Köln 1993), S.51–71.
Derselbe: Hermann von Hessen (1449/50 – 1508), in: Lebensbilder aus dem Kreis Neuss, Bd 3 (1997), S.13–24.
Ennen, Leonard: Hermann IV., Landgraf von Hessen, Erzbischof von Köln, in: Allgemeine Dt. Biographie, 12. Bd, Neudruck der 1. Auflage von 1880 (Berlin 1969), S.131–135.
Fuhs, Maria: Hermann IV. von Hessen, Erzbischof von Köln 1480–1508. Köln, Weimar und Wien 1995 (= Kölner Hist. Abhandlungen, Bd 40).
Looz-Corswarem, Clemens von: Hermann (IV.), Landgraf von Hessen, Erzbischof von Köln 1480–1508, in: Lexikon des Mittelalters IV. Stuttgart u. Weimar 1999, Sp. 2164.
Stupperich, Robert: Hermann IV. Landgraf von Hessen, Erzbischof von Köln, in: Neue Dt. Biographie, 8. Bd (Berlin 1969), S.635f.

[2] Vgl. Neuss, Burgund und das Reich mit den Beiträgen von Joseph Lange, Wilhelm Treue, Helmut Gilliam, Nicolaus Bömmels, Kath. Braeckeler, Max Tauch, Josef Loschelder u. Alfons Weller. Neuss 1975 (= Schriftenreihe des Stadtarchivs Neuss, Bd 6).

[3] Lange, Jos.: Pulchra Nussia. Die Belagerung der Stadt Neuss 1474/75, in: Neuss, Burgund und das Reich (wie Anm. 2), S.47 (27.8.1474 Aufbieten des Reichsheeeres), 73 (7.1.1475 förml. Kriegserklärung dse Reiches an Karl den Kühnen), 110f. (11.5.1475 Reichsheer bei Zons) u. 235 (23.5.1475 Reichsheer bei Grimlinghausen).

[4] Z.B. Wisplinghoff, Erich: Geschichte der Stadt Neuss, T. 1: Von den mittelalterl. Anfängen bis zum Jahre 1794. – Neuss 1975 (=Schriftenreihe des Stadtarchivs Neuss 10,1), S.100f., 103f., 107, 112 u. 117f.

[5] Bruns, Alfred: Ludwig I. Landgraf von Hessen, in: Lexikon d. dt. Geschichte, 1. Aufl. – Stuttgart 1977, S.747.

[6] Taddey, Gerhard: Ludwig II. der Fromme, Landgraf von Hessen, in: Lexikon (wie Anm. 5), S.747.

[7] Heinemeyer, Walter: Heinrich III. Landgraf von Hessen, in: Neue Dt. Biographie, 8.Bd (Berlin 1969), S.358. --- Vgl. Anm.15.

[8] Vgl. Anm. 15. --- Fuhs: Hermann IV. (wie Anm.1), S.32f. (geistl. Ämter). --- Demandt, Karl Ernst: Fritzlar. In: Handbuch d. hist. Stätten Deutschlands, 4.Bd: Hessen, 2.Aufl. (Stuttgart 1967), S 149.

[9] Beutler: Hermann IV. (wie Anm.1), S.52f.

[10] Fuhs: Hermann IV. (wie Anm.1), S.32.

[11] Keussen, Hermann: Die Matrikel der Universität Köln, 1.Bd. – Bonn 1928 (= Publikationen d. Ges. f. Rhein. Geschichtskunde VIII, 1), S.690 (Nov. 1462). --- Ennen: Hermann IV. (wie Anm.1), S.131: „Nachdem er seine Studien in Prag beendet hatte, wurde er" Propst des Marienstifts in Aachen und des Gereonstifts in Köln sowie Inhaber eines Kanonikats des Domstifts Köln.

[12] Kisky, Wilhelm: Die Domkapitel der geistl. Kurfürsten in ihrer persönl. Zusammensetzung im 14. u. 15. Jh. (Weimar 1906), S.34 u. 53.

sein. Nach frühem Tod des Vaters erlebte Hermann den erbitterten Erbkrieg zwischen seinen älteren Brüdern Ludwig II. dem Frommen († Reichenbach bei Witzenhausen 8.11.1471)[6] und Heinrich III. († Marburg 13.1.1483)[7]. Den Frieden und die Teilung des väterlichen Erbes in Niederhessen für Ludwig und Oberhessen für Heinrich vermittelten Hermann und die Landstände 1470. Heinrich III. wurde Vormund von Ludwigs Söhnen Wilhelm I. und Wilhelm II. und regierte dadurch wieder das ganze Land. Wie viele andere nachgeborene Söhne seiner Zeit war Hermann durch die Eltern für eine geistliche Laufbahn bestimmt worden. Bereits im Kindesalter empfing er 1461 eine Domherrenpfründe in Mainz (bis 1481) und 1465 die Propstei in Fritzlar[8], dem „Mittelpunkt der territorialen Bestrebungen des Mainzer Erzstifts in Hessen", so daß die Propstei in hessischen Händen eine Stärkung der Landgrafen gegenüber dem Kurfürstentum Mainz bedeutete. Hermann verzichtete auf die Propstei Fritzlar erst, als er zum Erzbischof von Köln geweiht wurde und zuvor einen Vertrauensmann im Fritzlarer Kapitel durchgesetzt hatte[9]. 1465 wurde Hermann noch Domscholastiker zu Worms[10], wenn er auch kaum die Schule des Stifts vor Ort hat beaufsichtigen können.

Territorial gesehen weniger wichtig als die Propstei in Fritzlar, für die Landgrafen von Hessen aber politisch nicht unbedeutend, waren die übrigen geistlichen Stellungen von Hermann. Als Student in Köln seit 1462[11], begleitet von einem Hofmeister, hat er sich nicht nur mit dem Leben der erst 1475 zur Reichsstadt erhobenen Stadt Köln vertraut machen, sondern ohne Zweifel schon im kirchlichen und gelehrten Köln sowie in der damaligen Studentenschaft, die aus einem großen Einzugsbereich kam, erste Verbindungen und wohl auch Freundschaften knüpfen können. Doch Einzelheiten davon sind nicht bekannt, auch keine Namen seiner Universitätslehrer. Hermann begann sein Studium in der Universität Köln zur Zeit des Kölner Erzbischofs und Kurfürsten Dietrich II. († Zons 13.2.1463) aus dem Geschlecht der Grafen von Moers, der ebenso wie seine Vorgänger und Nachfolger im Amt nicht zu Köln residieren konnte. Noch während des Studiums empfing Hermann 1463 die mit dem Tod von Erzbischof Dietrich II. frei gewordene Domherrenpfründe, zu der ihn der Domdechant Nikolaus Graf von Leiningen († 1472) nominiert hatte[12]. Für Hermanns gutes Fußfassen in Köln spricht ebenso, daß er 1467 oder etwas später zum Dechant des Kölner Stifts St. Gereon gewählt wurde[13]. Nachdem Hermann bereits 1468 noch Kanonikerpfründe von St. Viktor zu Xanten und St. Servatius zu Maastricht gewonnen hatte, wurde er am 10. April 1474 außerdem Propst des Marienstifts zu Aachen[14].

Ungeachtet der verschiedenen geistlichen Pfründe, die Hermann zunächst wohl vor allem wegen des zunehmenden Einflusses der Landgrafen von Hessen erlangt hatte, blieb er der Landgrafschaft verbunden[15]. In der Teilung des väterlichen Erbes war an Hermann immerhin ein Drittel gefallen, auf das er erst als Erzbischof und Kurfürst von Köln (1480 ff.) verzichtete. In Hessen behielt er nur noch Stadt und Burg Homberg an der Efze südlich von Kassel. Am bemerkenswertesten erscheint in diesem Zusammenhang aber – wie oben schon gesagt –, daß Hermann 1468 bis 1470 zwischen seinen sich bekriegenden Brüdern Ludwig II. und Heinrich III. vermittelte.

Vorübergehend sah es so aus, als würde Landgraf Hermann das Rheinland wieder verlassen. Als nämlich zu Hildesheim am 29. September 1471 ein neuer Fürstbischof gewählt wurde, hatte Ludwig II. Landgraf von Hessen sich aus landespolitischem Interesse für die Wahl seines Bruders Hermann eingesetzt[16]. Dessen Herz dürfte sich aber nicht sehr vom Rheinland weg und nach Hildesheim gesehnt haben, weil er schon rund 10 Jahre am Rhein lebte und hier seine hauptsächlichen geistlichen Pfründen besaß. Auf Hermann entfielen aber bei der Hildesheimer Bischofswahl nur neun Stimmen der angesehensten Wähler (darunter Dompropst Eckehard von Wenden), während die anderen neun an den bisherigen Hildesheimer Domdechanten Henning vom Haus gingen, den der Papst am 1. Februar 1472 als neuen Fürstbischof bestätigte[17]. Zwischenzeitlich hatte Hermann mit dem Tod seines Bruders Ludwig II. am 6. November 1471 eine wichtige militärische Stütze verloren. Doch hatte er sich im Fürstbistum Hildesheim noch der Hilfe eines großen Teils des Domkapitels, der Stiftsmannen und auch der Landstädte zu erfreuen, ferner seines Vetters Ernst Herzogs von Sachsen und der Grafen von Waldeck. Nachteilig für Hermann mußte sich allerdings seine lange Abwesenheit von Hildesheim von Ende 1471 bis zum 22. April 1472 – offenbar infolge des Todes seines Bruders Ludwig II. – auswirken, weil die landgräflichen Verhältnisse in Hessen mit seinem Bruder Heinrich III. neu zu regeln waren. Da Hermann nach dem Vertrags-

[13] Joerres, P.: Urkundenbuch des Stiftes St. Gereon zu Köln. – Bonn 1893, S.575 (1470 April 9) u. 711. --- Fuhs: Hermann IV.(wie Anm.1), S.32f. u. 35. --- Beutler: Hermann IV.(wie Anm.1), S.52(Dechant von St. Gereon 1467; ohne Quellenangabe).

[14] Fuhs: Hermann IV. (wie Anm.1), S.32f. Doch Luise Freiin von Coels von der Brügghen (Die Lehensregister der Propsteilichen Mannkammer des Aachener Marienstifts 1394–1794. – Bonn 1952, S.806) nennt als Propstzeit 1473–1500.

[15] Vgl. Anm.7. --- Fuhs: Hermann IV. (wie Anm.1), S.33–36 u. 38f. --- Beutler: Hermann IV. (wie Anm.1), S.53.

[16] Fuhs: Hermann IV. (wie Anm.1), S.37–43.

[17] Bertram, Adolf: Geschichte des Bistums Hildesheim, 1.T. (Hildesheim 1899), S.423f. --- Gebauer, Johannes: Geschichte der Stadt Hildesheim, Bd I (Hildesheim 1922), S.124ff.

abschluß mit diesem erst in das Fürstbistum Hildesheim zurückkehrte und vorerst auch nur bis zum 6. Mai blieb, konnte Henning vom Haus seine Stellung erheblich verbessern. Er erreichte seine Einführung in das Fürstbistum am 14. April und seine Inthronisation am 14. Juni. Obendrein gewann Henning am 3. und 16. Juli als neue Bundesgenossen die Herzöge zu Braunschweig und Lüneburg sowie die Städte Hildesheim und Hannover. Diese Verbündeten begannen am 18. Juli eine Fehde gegen die mit Hermann verbundenen hildesheimischen Stiftsmannen. Der mittlerweile ins Hildesheimische zurückgekehrte Hermann sagte der Stadt Hildesheim am 27. Juli auch Fehde an, schloß aber bereits am 19. August einen Waffenstillstand, verzichtete auf den Hildesheimer Bischofsstuhl zu Gunsten des die Fehde dann weiterführenden Balthasar Herzogs zu Mecklenburg und reiste am 30. August ins Hessenland. Was könnte Hermann dazu bewogen haben? Ohne Zweifel hatte Henning vom Haus seine Stellung gegen Hermann seit der Doppelwahl beachtlich ausbauen können. Das mußte Hermann sich eingestehen. Da ihm das sich damals laufend verschlechternde Verhältnis zwischen dem Kölner Erzbischof Ruprecht († 1480) und dessen Landständen nicht verborgen geblieben sein dürfte, könnte er im Kölner Domkapitel, dem er noch immer angehörte, auch bessere Möglichkeiten für sein künftiges Wirken gesehen haben.

In Köln hatte sich die allgemeine Lage sehr zugespitzt. Am 30. März 1463 war der schwache Ruprecht, ein Bruder von Friedrich dem Siegreichen, Kurfürsten von der Pfalz († 1476), zum neuen Erzbischof und Kurfürsten von Köln gewählt worden[18]. Die Verschuldung des Erzstifts Köln unter seinem Vorgänger Dietrich II. hatte die kurkölnischen Landstände noch vor der Wahl des Nachfolgers zur Erblandesvereinigung vom 26. März 1463 veranlaßt, um das Land vor weiteren Schäden zu bewahren. Der neugewählte Erzbischof Ruprecht wurde zwar darauf vereidigt, lebte aber in ständiger Geldnot und ging widerrechtlich und gewaltsam gegen die Inhaber von kurkölnischen Pfandschaften vor. So brach er seinen Eid und brachte die Landstände, besonders das Domkapitel, gegen sich auf. Bald verbündete sich auch die Stadt Neuss mit anderen Gegnern des unzuverlässigen Landesherrn, der sich im Juli 1470 sogar weigerte, die zu Neuss gewählten Schöffen und Ratsherren zu bestätigen[19]. Als Ruprecht im Frühjahr 1472 gegen den ihm nicht genehmen Rat der

---

[18] Wisplinghoff: Geschichte (wie Anm.4), T.1, S.96–101.

[19] Lau, Friedrich: Quellen zur Rechts- u. Wirtschaftsgeschichte der rhein. Städte, Kurköln. Städte, I Neuss. – Bonn 1911 (=Publikationen d. Ges. f. Rhein. Geschichtskunde XXIX), S.29*, Anm.1.

Stadt Neuss einen Aufruhr anzustiften versuchte, richtete diese seine beiden Parteigänger hin und verbündete sich mit dem Domkapitel und anderen Ständen gegen ihn. Nachdem dann Ende 1472 noch zwischen Ruprecht und dem Domkapitel ein Vertrag über die Rückgabe des halben Bonner Zolls und des umstrittenen Zons an das Domkapitel geschlossen worden war, Ruprecht aber seinen Vertragsverpflichtungen nicht nachkommen wollte, kam es zum endgültigen Bruch zwischen Erzbischof und Domkapitel.

Der damals rund 23 Jahre alte Hermann soll aus Hessen Anfang März 1473 nach Köln zurückgekehrt sein[20]. Von dem ihm in Köln entgegengebrachten Vertrauen zeugt, daß er als nunmehriger Unterhändler des Domkapitels dem Erzbischof Ruprecht am 5. März die Entsendung von zwei Gesandten, nämlich Propst Eberhard Schenk zu Schweinsberg und Johann Schenk zu Schweinsberg, schriftlich anzeigte. Das dann am 16. März folgende persönliche Gespräch zwischen Hermann und Ruprecht verlief freundlich und verbindlich. Ruprecht war verhandlungsbereit, nicht aber das Kölner Domkapitel. Es nahm Hermann am 23. März als seinen „heufftmanne, beschyrmer ind vurweser" an und forderte am folgenden Tage die Edelleute, Ritter, Städte und Untertanen des Erzstifts auf, fortan ihrem Mitkanoniker Hermann zu gehorchen. Am 29. März wiederholte das Domkapitel seine Erklärung mit den genannten anderen Landständen, darunter die Stadt Neuss (ohne Nennung ihres Bürgermeisters oder eines anderen Vertreters). Am 24. März hatte Hermann dem Erzbischof Ruprecht mitgeteilt, daß er als Mitkanoniker sich der Aufforderung des Domkapitels, diesem beizustehen, nicht habe versagen können. Darauf entgegnete Ruprecht ihm am 26. März, daß er selbst und nicht Hermann die Kirche und das Stift von Köln zu regieren habe. Am 30. März stellte Hermann dem Domkapitel einen Revers über seine Ernennung aus, in dem er gelobte, die Landstände mit ganzer Kraft zu schützen. Anderseits hatten die Stände für den Einsatz von Truppen des hessischen Landgrafen Heinrichs III. aufzukommen und Hermanns Stellung im Erzstift abzusichern. Anhänger des Erzbischofs Ruprecht mußten Köln damals verlassen, wenn sie es nicht freiwillig getan hatten wie Ruprechts Domkeppler (Leiter der erzbischöflichen Kanzlei) Moritz Graf von Spiegelberg († 1483)[21], ein hochgebildeter und starker Mann, der auch die Erblandesvereinigung 1463 mituntersiegelt hatte. Er ließ sich vom Domkapitel bereits

[20] Lacomblet, Theodor Jos.: Urkundenbuch f. d. Geschichte d. Niederrheins usw., 4.Bd. – Düsseldorf 1858, S.453f. (363f.: 1473 März 24 u. 29).

[21] Hövelmann, Gregor: Moritz Graf von Spiegelberg (1406/07–1483), Domherr in Köln, Propst in Emmerich, Mäzen u. Stifter. – Kevelaer 1987, vor allem S.67–82 u. 99–103.

Der hl. Petrus als Patron des Kölner Erzbischofs Hermann, Landgrafen von Hessen
Gemälde des „Meisters des Marienlebens", tätig in Köln 1468–1480

am 10. März 1473 für sechs Monate beurlauben und ging als Stiftspropst von Emmerich nach dort. Zurückgekehrt, mißbilligte er am 12. Januar 1474 ausdrücklich die Beauftragung seines Mitkanonikers Hermann von Hessen durch das Domkapitel und ließ sich am 24. Januar erneut beurlauben. Erst Ende 1475 kam Spiegelberg nach Köln zurück.

Die Entwicklung hatte schon 1473 insgesamt auf einen Krieg hingesteuert[22]. Noch während eines Waffenstillstandes zwischen Erzbischof Ruprecht und dem Domkapitel vom 27. Mai bis 10. Juni schlossen Hermann als Hauptmann und Verweser des Erzstifts Köln sowie das Domkapitel, die Ritterschaft und die Städte, darunter Neuss, am 5. Juni ein Bündnis mit der Stadt Köln auf 100 Jahre. Bald darauf dürften Hermann und sein Anhang sich auch mit Johann Herzog von Kleve verbündet haben. Dabei zählten zu Hermanns Gefolge u. a. Werner Scheiffart von Merode, Herr zu Clermont und Amtmann zu Hülchrath, ferner die Städte Andernach, Bonn, Neuss (Nuyss) und Ahrweiler, die den Kölner Vertrag mitsiegelten. Aus Neus werden in der Urkunde genannt[23] Johann Vell van Wevelkoven und Johann Flecke van der Balen, die als Bürgermeister der Schöffen bzw. Ratsherren in der zweiten Hälfte des 15. Jahrhunderts bezeugt sind, aber auch noch Johann von Norprath, der 1467–1482 als Schöffe amtierte. Hermann Landgraf von Hessen hat also spätestens 1473 persönliche Bekanntschaft mit Neussern gemacht. Davon abgesehen, gab es zwischen den gegnerischen Lagern erfolglose Vermittlungsversuche von Kaiser und Papst. Im Juli 1473 hatte Hermann als Hauptmann und Beschirmer der Kirche von Köln zu Karl Herzog von Burgund[24], später genannt der Kühne, Gesandte reisen lassen, die einen Vertrag mit Karl schließen sollten, zu dem es aber nicht kam. Dagegen ließ Erzbischof Ruprecht am 17. Dezember in Köln durch Abgesandte erklären, wie das Domkapitel sich den Gubernator Hermann gewählt habe, habe er nunmehr Karl Herzog von Burgund zu seinem erkoren. Dann ritt Ruprecht nach Burgund. Vorm 27. März 1474 verbündete er sich mit Herzog Karl gegen das Kölner Domkapitel[25]. Der Herzog sollte aus einer vom Erzstift auszuschreibenden Steuer 200 000 Gulden erhalten, außerdem lebenslänglich die Schlösser Uerdingen, Brilon und Volkmarsen und auch die Schirmherrschaft über das Erzstift. Dafür sollte der Burgunder dem Erzbischof wieder seine Schlösser und Städte untertänig machen, nämlich Andernach, Bonn, Boppard, Zons, Neuss, Uerdingen, Hülchrath und mehr. Nun hatte der Herzog im Erzstift freie Hand.

Kaiser Friedrich III.[26], der sich seit Ende November 1473 in Köln aufhielt und keine Vermittlungsmöglichkeit mehr sah, hatte dem Landgrafen Hermann bereits am 4. Januar 1474 versprochen, ihm nach Abgang des Erzbischofs Ruprecht zum erzbischöflichen Stuhl von Köln verhelfen zu wollen, jedoch auf Hermanns Kosten. Dafür hatte Hermann dem Kaiser am Vortag geloben müssen, ein getreuer und gehorsamer Kurfüst sein zu wollen, außerdem noch 1 000 Gulden zu

[22] Lacomblet: Urkundenbuch (wie Anm.20), 4.Bd., S.455 (365: 1473 Mai 27), 456–459 (366: 1473 Juni 5), 462 (368: 1473 Juli 17) u. 465 (371: 1473).

[23] Lau: Neuss (wie Anm.19), S.452f. (Bürgermeister) u. 458 (Norprath). --- Föhl, Walter: Der Bürger als Vasall. Ein Beitrag zur Sozial- u. Wirtschaftsgeschichte der Stadt Neuss im 14. u. 15. Jh. – Neuss 1965, S.37f. --- 1470 hatte Erzbischof Ruprecht sich geweigert, den gewählten Schöffen Johann Vell zu bestätigen (wie oben Anm. 19). --- Vgl. auch Anm.29 u. 73.

[24] Lacomblet: Urkundenbuch (wie Anm.20), 4.Bd, S.462 (368: 1473 Juli 17) --- Hövelmann: Spiegelberg (wie Anm.21), S.80. --- Janssen, Wilhelm: Das Erzbistum Köln im späten Mittelalter 1191–1515, 1.T. – Köln 1995 (= Geschichte des Erzbistums Köln, 2.Bd, 1.T.), S.279ff.

[25] Lacomblet: Urkundenbuch (wie Anm.20), 4.Bd, S.468ff. (375: 1474 vorm 27. März). --- Janssen: Das Erzbistum (wie Anm.24), S.289, Anm.88 (Annulierung der Schirmvogtei durch König Maximilian 1486).

[26] Lacomblet: Urkundenbuch (wie Anm.20), 4.Bd, S.466 (372: 1474 Jan.4) u. 468 (374: 1474 Jan.14). --- Fuhs: HermannIV.(wie Anm.1), S.60–63.

[27] Heinemeyer (Heinrich III.; wie Anm.7) folgerte daraus falsch, daß Heinrich III. die Stadt Neuss 1474–1475 gegen Karl den Kühnen erfolgreich verteidigt habe. --- Etwa Mitte August 1474 bat die Stadt Köln den Landgrafen Heinrich, die Festungsbaumeister in Deutz zu belassen und die Stärke des für Neuss erforderlichen Kriegsvolkes mitzuteilen (Ulrich, Adolf: Zur Geschichte der Belagerung von Neuss, in: Mitteilungen aus dem Stadtarchiv von Köln, 8.H. – Köln 1885, S.6). Am 19. November 1474 berichtete Heinrich nach Köln, daß er heimgezogen sei, weil die Reichstruppen dem kaiserlichen Gebot zuwider ihm nicht folgen wollten (a.a.O., S.12).

[28] Fuhs: Hermann IV. (wie Anm.1), S.63f. --- Lacomblet: Urkundenbuch (wie Anm.20), 4.Bd, S.472 (377: 1474 April 23). --- Lange: Pulchra Nussia (wie Anm.3), S.18–22.

[29] Brandts, Rudolf:Haus Selikum. Urkunden und Akten zur Geschichte des Hauses und seiner Besitzer. – Neuss 1962 (= Schriftenreihe des Stadtarchivs Neuss 1) S. 24f. (25a: 1474 Juni 24). – vgl. Anm. 23) --- Lange: Pulchra Nussia (wie Anm.3), S.18.

[30] Lacomblet: Urkundenbuch (wie Anm.20), 4.Bd, S.468 (374: 1474 Jan.14). Erst am 29.6.1474 hatte der Kaiser der Stadt Köln aus Augsburg mitgeteilt, daß er Heinrich III. Landgraf von Hessen zum Schutzherrn für Domkapitel und Landstände ernannt habe, weil der Erzbischof Ruprecht keinen Frieden halte (Brincken, Anna–Dorothee von den: Köln 1475 des Heil. Reiches Freie Stadt, Ausstellung des Hist. Archivs der Stadt Köln 2. Sept. – 2. Nov 1475, S.44, Nr.51).

zahlen für Kosten, entstanden durch Vermittlung des Kaisers und noch zu erwartende Hilfe. Am 14. Januar verordnete der Kaiser, daß Heinrich III. Landgraf von Hessen[27] anstatt des Kaisers das Domkapitel und seinen Anhang schützen und schirmen sollte. Deshalb verpfändeten Hermann sowie Dechant und Kapitel des Kölner Domstifts dem Landgrafen Heinrich III. für die ihnen durch sein Heer geleistete und noch zu leistende Hilfe am 24. Juni die Kogelnburg, dazu die Städte Volkmarsen, Medebach, Winterberg, Hallenberg und Schmallenberg.

Ungeachtet weiterer Vermittlungsversuche zwischen Erzbischof Ruprecht und dem Kölner Domkapitel, standen alle Zeichen auf Sturm. So hatte Karl Herzog von Burgund dem Erzbischof am 23. April 1474 500 Lanzenträger und überhaupt seine Kriegsbereitschaft versprochen, wenn er zunächst auch noch die Tagesfahrt zu Maastricht beschicken wollte[28]. Die Rüstungen wurden auf beiden Seiten verstärkt. Als Karl der Kühne von Burgund Anfang Juli sein großes und bestens ausgerüstetes Heer aus seinem Land in Richtung Niederrhein marschieren ließ, unterlag es bald keinem Zweifel mehr, daß Neuss sein erstes Angriffsziel sein würde. Am 16. Juli erreichten die burgundischen Truppen Maastricht und am 29. Juli Holzheim bei Neuss.

Die Neusser waren bis dahin nicht untätig geblieben. Am 24. Juni 1474, als hochrangige Bevollmächtige des Kölner Domkapitels und der Landstände die Ritterschaft, Städte und Landschaft des Stifts Köln in Westfalen darüber unterrichten sollten, daß Erzbischof Ruprecht die Erblandesvereinigung von 1463 gebrochen habe, befanden sich unter den Bevollmächtigten auch der Neusser Bürgermeister Johann Vell van Wevelkoven und der Ratsfreund Dietrich von Dongrade genannt Wetzel, der in Neuss von 1472–1511 als Schöffe und 1479 sogar als Bürgermeister nachzuweisen ist[29]. Die westfälischen Landstände antworteten den Bevollmächtigten auf Befragen, daß sie die Erblandesvereinigung halten und dem Kölner Domkapitel gehorchen wollten, nicht aber dem Erzbischof.

Obwohl der Kaiser am 14. Januar 1474 Heinrich III. Landgraf von Hessen zum Schirmherrn des Erzstifts Köln ernannt hatte[30], war dieser hernach wegen Belagerung der zum Erzbischof Ruprecht haltenden Stadt Linz am Rhein verhindert, sich um das nun durch Karl Herzog von Burgund stark gefährdete Neuss zu kümmern. Deshalb bemühte die Stadt Neuss sich am 18. Juli um Hermanns und der Stadt Köln Hilfe[31]. Diese wiederum bat Hermann, mit seinem Gefolge nach Neuss zu ziehen und die Stadt zu verteidigen. Hermann rückte dann mit hessischen Adeligen und Soldaten (70 Ritter, 300 Reiter u. 150 Fußsoldaten) am 26. Juli in die Stadt Neuss ein und leitete fortan deren Verteidigung gegen den Burgunderherzog. Noch am 26. Juli meldete die Stadt Neuss der Stadt Köln[32], daß der bis Erkelenz vorgedrungene Herzog am Folgetag vor Neuss erwartet werden müsse. Ungenügend ausgerüstet, könne Neuss nur auf Gottes Hilfe hoffen. Sie benötige dringend tüchtige Leute, der Feind solle nicht über 15 000 Mann stark und wenig diszipliniert sein. Jedenfalls müsse die Neusser Besatzung verstärkt werden. Die Verpflegung sei gesichert, da man das Vieh in die Stadt hätte holen können.

[31] Die Chroniken der niederrhein. Städte, Cöln, 3.Bd, 2. unveränd. Aufl. – Göttingen 1968 (= Die Chroniken d. dt. Städte vom 14. bis ins 16. Jh., 14.Bd), S.832 (Wenn Landgraf Hermann nicht gewesen wäre, hätte die Stadt Neuss dem Belagerungsheer des Herzogs von Burgund nicht so lange widerstanden). --- Lange: Pulchra Nussia (wie Anm.3), S.19f. -- - Fuhs: Hermann IV. (wie Anm.1), S.64f.

[32] Brincken, A.–D. von den: Köln 1475 (wie Anm.30), S. 45 (55: 1474 Juli 26).

Hermann im Neusser Krieg 1474 – 1475

Hier soll nicht im einzelnen über den Verlauf und die Bedeutung des Neusser Krieges berichtet werden, was schon oft und ausführlich geschehen ist[33], sondern nur über Hermann Landgraf von Hessen als Leiter der Verteidigung von Neuss und seine Beziehungen dabei zu den Neussern. Von den nur verhältnismäßig wenigen Nachrichten über Hermanns Neusser Zeit finden sich mehrere vor allem in der Geschichte der Belagerung von Neuss, die der Geistliche, Notar und Neusser Stadtschreiber Christian Wierstraet als Augenzeuge geschrieben hat. Gleich zu Beginn der Chronik wird Hermann als ein tugendsamer und guter Mann aus fürstlichem Blut gerühmt[34]. Er hat dann so gut, wie das während der Belagerung von Neuss überhaupt möglich gewesen ist, von hieraus mit der Außenwelt und besonders mit der Stadt Köln Verbindung gehalten. Ein Lagebericht von ihm veranlaßte die Stadt Köln im Sommer 1474, etwa 500 Kriegsknechte in die Stadt Neuss zu entsenden[35].

Zum Bewahren von Ruhe und Ordnung im belagerten Neuss verhängte Landgraf Hermann damals das Kriegsrecht, drohte also etwaigen Aufrührern die Todesstrafe an und ließ zur Abschreckung Galgen und Rad aufschlagen[36].

Unverdrossen nahm Hermann das Einschlagen der ersten feindlichen Kanonenkugeln hin[37]. Von seinem Mut und Gottvertrauen zeugt ebenso, daß er gutherzig zur Ehre Gottes und des heiligen Quirin 100 Pfund Wachs geschenkt hat. Vom August und September 1474 berichtet Wierstraet[38], daß in den Kämpfen um Neuss außer vielen Bürgern der Stadt auch viele stolze Junker aus Hessen gefallen seien. Es entsprach Hermanns Großmut, dem feindlichen Belagerungsheer zum Bergen seiner Toten einen Waffenstillstand zu gewähren[39]. Für Anfang Oktober vermerkte der Chronist ausdrücklich[40], daß die Verteidiger von Neuss nach erfolgreichen Gefechten neue Hoffnung schöpften und somit auch Hermann, der junge Fürst aus Hessenland, ruhig schlafen konnte. Mit Brief vom 4. Oktober teilte die Stadt Köln

---

[33] Neuss, Burgund und das Reich (wie Anm.2). -- Wisplinghoff: Geschichte (wie Anm.4), T.1, S.102–116.

[34] Wierstraet, Christian: Die Geschichte der Belagerung von Neuss. Faksimile der Erstausgabe bei Arnold ther Hoernen, Köln 1476. Übertragung und Einleitung Herbert Kolb (Neuss 1974), S.42f.

[35] Ebd., S.58f. --- Vgl. Anm.32 (Hilfersuchen von Neuss an Köln vom 26. 7. 1474), ferner Lange: Pulchra Nussia (wie Anm.3), S. 38.

[36] Wierstraet: Die Geschichte (wie Anm.34), S.62f.

[37] Ebd., S.78–81.

[38] Ebd., S.92f.

[39] Ebd., S.94–97.

[40] Ebd., S.118f.

dem Landgrafen Hermann mit, daß Kaiser Friedrich III. binnen acht Tagen kommen werde[41].

Doch um die Martinsmesse, also im November 1474, versetzte die allgemeine Lage in Neuss, gekennzeichnet durch große Not, den Fürsten und manchen seiner Getreuen in Angst und Pein[42]. Neuss bedurfte sehr der Hilfe von außen. Dennoch bekräftigten in ihrem Kriegsrat Landgraf Hermann, die angesehene Ritterschaft und der Rat der Stadt Neuss, diese unter Einsatz von Leib und Gut auch weiterhin behaupten zu wollen. Zwei Boten aus Neuss sollten sich aber nach Köln durchschlagen und vom dortigen Rat Hilfe erbitten. Laut Wierstraet sollen dann 550 wohlgerüstete Männer nach Neuss hinein geschickt worden sein, dazu auch 550 Säcke (je 10 Pfund) Salpeter. Am 19. November, dem Tag der heiligen Elisabeth, von der Landgraf Hermann im 7. Grade abstamme, sei die Hilfe aus Köln eingetroffen.

Mit Schreiben vom 31. Januar 1475 hatte Kaiser Friedrich III. nicht nur der Stadt Köln Hilfe versprochen, sondern auch der Stadt Neuss und dem Landgrafen Hermann[43]. Letztere wurden ermutigt, zur Eintracht ermahnt und vor Verhandlungen mit den Feinden gewarnt.

Wenn im Februar 1475 auch ein Fastnachtsspiel der jungen Herren im belagerten Neuss mit Stechen und Fröhlichkeit den Landgrafen Hermann erfreuen sollte und die Belagerer der Stadt irritierte, so gab es über den Ernst der Lage in Neuss doch keinen Zweifel[44]. Ein kaiserlicher Befehl an die Stadt Köln vom 4. sowie ein am 12. Februar an die Stadt Köln gesandter Hilferuf führten endlich dazu, daß noch vorm Eintreffen des Reichsheeres eine Kölner Kriegstruppe von rund 2000 Mann, bald darauf noch verdoppelt, „auf den Steinen" bei Neuss ein festes Lager bezog[45], was die Stimmung der Neusser hob[46]. In der Stadt aber hielt die große Not an. Infolge Lebensmittelmangels mußten 350 Pferde geschlachtet werden[47]. Landgraf Hermann, der gute junge Fürst, sonst edel und unerschrocken, war darüber zutiefst bekümmert. Auch vertrug sein zartes Gemüt nicht das Essen von Pferdefleisch.

Bereits am 18. März hatten Landgraf Hermann und seine Ritterschaft seinem Bruder Heinrich und der Stadt Köln schreiben müssen, daß

[41] Ulrich: Zur Geschichte (wie Anm.27), S.9.

[42] Wierstraet: Zur Geschichte (wie Anm.34), S.124–131. --- Vgl. Lange: Pulchra Nussia (wie Anm.3), S.64.

[43] Ulrich: Zur Geschichte (wie Anm.27), S.13.

[44] Wierstraet: Die Geschichte (wie Anm.34), S.177–181.

[45] Lange: Pulchra Nussia (wie Anm.3), S.81 u. 85. --- Wegen der dann zunehmenden katastrophalen Zustände „auf den Steinen" s. auch Huiskes, Manfred: Beschlüsse des Rates der Stadt Köln 1320–1550, Bd 1 (Düsseldorf 1990), S.536 (16), 537 (19), 538 (25f.), 540 (37) u. 541 (45).

[46] Wierstraet: Die Geschichte (wie Anm.34), S.190–193.

[47] Ebd., S.208f.

die Verteidiger von Neuss am Ende ihrer Kraft seien, süße Trostworte wenig nützen würden und Neuss dringend Entsatz benötige[48]. Nachdem die Belagerer der Stadt nach Ostern 1475 das Wasser im Graben vor dem Obertor abgelassen und zwischen diesem und dem Zolltor an der Schleuse ein Bollwerk errichtet hatten, konnte am 8. April der für Neuss sehr gefährliche Lombardenstollen erobert werden, was den edlen Landgrafen und die Ritterschaft sehr erfreute, aber auch die Bürgerschaft[49]. Dennoch verschärfte sich die Lage in Neuss am folgenden Tag sehr, als etwa 600 Bewaffnete, teils bereit zum Weiterkampf gegen die Belagerer, teils aber zum Kampfabbruch, sich auf dem Markt eingefunden hatten und gegenseitig bedrohten[50]. Hermann stellte die Ordnung aber wieder her, indem er durch den Turmwächter des Quirinusmünsters Sturm läuten ließ, woraufhin die Bewaffneten wieder ihre Posten zur Verteidigung der Stadt bezogen. Während des Auflaufs hatte Hermann viele lästerhafte und schmähliche Worte anhören müssen. Doch er ertrug sie demütig, flehte die Leute an und beruhigte sie wieder.

Die verzweifelte Lage der belagerten Stadt Neuss hielt jedoch an[51]. Am 16. April 1475 schlugen die Feinde in den Neusser Stadtwall einen gefährlichen Stollen, was mangels Pulvers nicht zu verhindern war. Die große Not ließ die Stimmung in der Stadt wieder sinken, und im Kriegsrat ging es um die Übergabe der Stadt oder deren Verteidigung. Selbst Landgraf Hermann war innerlich sehr beschwert (was in sym gemoed nyet wayll tzo pas). In der herrschenden Ratlosigkeit wurde für den 21. April zu Ehren der Gottesmutter Maria eine Prozession nach dem Obertor durchgeführt und in der dortigen Kapelle eine Erbmesse gelobt. Noch während dieser Prozession fielen von den Kölnern auf den Steinen abgeschossene Kanonenkugeln nieder[52]. Briefe in der einen, dem Landgrafen sofort zugestellt, verhießen den Neussern, daß sie in Kürze frei und froh sein würden. Das hob die Stimmung der Belagerten und stärkte ihren Willen, den Belagerern standzuhalten. Weitere Kugelbriefe folgten, so auch am 11. Mai 1475, als man endlich das zum Entsatz von Neuss schon lange ersehnte Reichsheer bei Zons erblickte[53]. Einen verwirrten Engländer, der um Pfingsten aus dem Belagerungsheer nach Neuss gekommen war, schickte der „weise Landgraf Hermann" nach acht Tagen mit Brot und Wein zurück[54].

[48] Brincken: Köln 1475 (wie Anm.30), S.47f. (62). --- Lange: Pulchra Nussia (wie Anm.3), S.90–93.
[49] Wierstraet: Die Geschichte (wie Anm.34), S.218–221.
[50] Ebd., S.226–230.
[51] Ebd., S.234–239.
[52] Ebd., S.244–249.
[53] Ebd., S.254–257.--- Brief vom 11.5.1475 war wohl die Antwort auf Hermanns und der Mitverteidiger von Neuss (Ritterschaft, Bürgermeister, Schöffen, Rat u. Gemeinde von N.) dringendes Hilfeersuchen vom 7.5.1475 (Brincken: Köln 1475, wie Anm.30, S.50, Nr.68).
[54] Wierstraet: Die Geschichte (wie Anm. 34), S.258–261.

Am 23. Mai 1475 soll der Neusser Turmwächter, als er das Reichsheer bei Grimlinghausen ankommen sah, fröhlich ausgerufen haben[55]: „Erfreuwd uch furst uyssz Hessenlande", erfreut Euch alle im belagerten Neuss! Am 28. Mai, gegen drei Uhr morgens, brachte ein Botschafter des Kaisers zwei Briefe, die Landgraf Hermann und die Neusser vorm Obertor mit geziemender Ehrerbietung entgegennahmen[56]. Darin gebot der Kaiser einen allgemeinen Waffenstillstand. Am 30. Mai erschien vor Neuss Bischof Alexander von Forli als päpstlicher Legat, der sofort den tugendsamen Landgrafen Hermann, dessen Ritterschaft und Männer sowie den getreuen Rat von Neuss sprechen wollte[57]. Darauf gingen Hermann und die anderen durch die Pulvermühle aus der Stadt demütig zum Legaten und seinem aus Freunden und Feinden bestehenden Gefolge, und der Legat verkündete den Frieden. Das wiederum ließ Hermann die Geistlichkeit nach Morgenanbruch vor den Quirinus-Altar kommen, um Gott zu danken.

In den Tagen vom 31. Mai bis 3. Juni kamen Leute aus beiden Heeren nach Neuss hinein[58]. Dann erschienen – wohl am 4. Juni – auch der päpstliche Legat und ein kaiserlicher Rat. Diese ließen sich im Baumgarten des Saalhofes, stellvertretend für Papst und Kaiser, von den Neusser Bürgern bis zum Ende der Zwietracht im Kurfürstentum Köln in die Hand schwören bzw. huldigen. Landgraf Hermann hatte ihnen vorher dazu geraten.

Ungeachtet des Friedens, unternahmen Kriegsknechte aus Neuss am 11. Juni 1475 einen Ausfall und zerbrachen die Brücke am Neusser Siechenhaus in zwei Stücke[59]. Den in Neuss darüber ausgebrochenen Streit zwischen etlichen Kriegsknechten und Berittenen schlichtete Landgraf Hermann schon am folgenden Tage. Am 11. Juni war auch zwischen dem Reichsheer und dem Belagerungsheer Streit ausgebrochen, den Hermann ebenfalls beilegte.

Eine mittelbare Anerkennung der Verdienste des Landgrafen Hermann um die Verteidigung der Stadt Neuss gegen den Herzog von Burgund findet sich in Wierstraets Chronik des Neusser Krieges von 1474/1475[60]. Bei einer Belagerung wie der von Neuss bedürfe es eines hohen, vermögenden, tugendsamen Hauptmanns als Anfüh-

---

[55] Ebd., S.262–265.
[56] Ebd., S.274f.
[57] Ebd., S.276–281. --- Papst Sixtus IV. hatte den Legaten am 15.2.1475 beglaubigt (von den Brinken: Köln 1475, wie Anm.34, S.47, Nr.61).
[58] Wierstraet: Die Geschichte (wie Anm.34), S.282–285.
[59] Ebd., S.284–287.
[60] Ebd., S.308f.

rer mit frommen Rittern und Knechten sowie mit stolzen und getreuen Fußknechten, ferner vieler guter Geschütze, Haken- und Handbüchsen, auch guter Armbrüste.

Die wenigen persönlichen Nachrichten über Landgraf Hermann als Befehlshaber der Verteidigung von Neuss gegen den Burgunderherzog ergeben, daß der Chronist Wierstraet ihn als einen zwar jungen Fürsten, aber tugend- und empfindsamen Menschen kennengelernt hat, ebenso als mutigen und tatkräftigen militärischen Führer, dessen Ansehen und diplomatisches Geschick es ihm auch ermöglichte, bei Auseinandersetzungen zwischen Gegnern zu vermitteln, also erforderlichenfalls auch Streit zu schlichten[61]. Das waren ohne Zweifel hervorragende Führungseigenschaften, die im Kölner Domkapitel gewiß schon bekannt waren, als ihn dessen Mehrheit – wie oben geschildert – 1473 zum Hauptmann, Beschirmer und Verweser des Erzstifts Köln annahm[62]. Die Führungseigenschaften Hermanns trugen ganz entschieden dazu bei, daß das Burgunderheer die Stadt Neuss nicht bezwingen konnte.

In der Wierstraet-Chronik ist zwar nichts über persönliche Beziehungen des Landgrafen Hermann zu Neussern enthalten, wie darin auch nicht einmal die Namen der damals verantwortlichen Neusser Bürgermeister und engsten Mitstreiter Hermanns genannt worden sind. Doch steht es außer jedem Zweifel, daß es derartige Beziehungen gegeben hat.

---

[61] Vgl. hierzu des Kölner Domkapitels Charakterisierung des Landgrafen Hermann von 1478 gegenüber dem Papst (Janssen, Wilhelm: Der Bischof, Reichsfürst u. Landesherr, 14. u. 15. Jh., in: Der Bischof in seiner Zeit, Bischofstypus u. Bischofsideal im Spiegel der Kölner Kirche, Festgabe für Joseph Kardinal Höffner, Erzbischof von Köln. – Köln 1986, S.185–244, hier S.198).

[62] Vgl. Anm.20

Hermann als Gubernator sowie Erzbischof und Kurfürst 1475 – 1508

Die Verteidigung der Stadt Neuss 1474/1475 war zwar glücklich beendet, hatte aber insbesondere den Städten Köln und Neuss furchtbar viele Opfer an Menschen, Gut und Geld gekostet. Infolgedessen ging es nun in Neuss nicht mehr nur um Wiederaufbau, sondern auch um Tilgung von Kriegsschulden. Kaiser Friedrich III. setzte Landgraf Hermann, den durch das Kölner Domkapitel 1473 angenommenen Hauptmann, Beschirmer und Verweser des Erzstifts Köln, wegen des männlichen Widerstandes gegen den Herzog von Burgund und dessen Heer zu Neuss sowie Rettung dieser Stadt für das Erzstift Köln und damit auch für das Reich als Regierer des Erzstifts ein[63]. Das geschah nicht zuletzt auch auf Bitten des Domkapitels, der Prälaten, Grafen, Ritterschaft und Städte des Erzstifts. Kirchlich blieb nach wie vor der vom Papst nicht abgesetzte Erzbischof Ruprecht zuständig. Auf die bereits früher gegebene katastrophale Lage der Finanzen im Kurfürstentum Köln war schon in Verbindung mit der Kurkölnischen Erblandesvereinigung von 1463 hingewiesen worden[64]. Es bedurfte also großen Geschicks und der Ordnung des Regierers Hermann, um die Verhältnisse im Lande wieder zu normalisieren.

Kaiser Friedrich III. bestätigte der Stadt Köln für ihre ungewöhnlichen Verdienste während des Neusser Krieges am 19. September 1475 nicht nur ihre Privilegien, sondern verlieh dieser mächtigen Stadt, die schon lange als eine vom Kölner Erzbischof und Kurfürsten unabhängige Stadt aufgetreten war, die Reichsunmittelbarkeit[65]. In Anerkennung des Einsatzes der Stadt Köln und als Hilfe für deren Schäden

[63] Lacomblet: Urkundenbuch (wie Anm.20), 4.Bd, S.475ff. (381: 1475 Sept.12). --- Fuhs: Hermann IV. (wie Anm.1), S.73.

[64] Vgl. Anm.18.

[65] Brincken: Köln 1475 (wie Anm.30), S.56–65 (Nr.84).

und Verluste im Neusser Krieg hatte der Kaiser ihr am 24. Mai 1475 das Recht verliehen, von allen an Köln vorbeigehenden Weinen und Kaufmannswaren Zoll zu erheben[66]. Obwohl Hermann im Streit um diesen Rheinzoll 1487 noch die Partei der Stadt Köln ergriff, konnte die Stadt diese Einnahmequelle nur bis Johannis 1494 behaupten[67].

Die durch den Neusser Krieg äußerst betroffene Stadt Neuss erhob der Kaiser bei seiner Anwesenheit zu Neuss am 2. September 1475 zwar nicht zur Reichsstadt, verlieh ihr aber beachtliche Privilegien[68]. Sie bescherten ihr vor allem Ruhm und Ehre, brachten aber keinen finanziellen Gewinn, sieht man ab von der Freiheit an allen Rheinzöllen für 100 Fuder Wein jährlich, von der Befreiung von allen damaligen und künftigen Erhöhungen der Land- und Wasserzölle und von der Verleihung des Münzrechts. Diese kaiserlichen Gnadenbeweise, um die die Stadt Neuss von anderen beneidet wurde[69], hatte Neuss hauptsächlich wohl dem Landgrafen Hermann zu verdanken. Er dürfte den Kaiser auch veranlaßt haben, am 3. September nach der hohen Messe im Neusser Quirinus-Münster 11 fromme Männer zu Rittern zu schlagen[70]. Zugleich gebot der Kaiser ihnen, den Ritterorden zu tragen, den sie sich als stolze Degen während der Belagerung von Neuss verdient hatten. Leider überliefert keine Handschrift oder Urkunde die Namen dieser neuen Ritter und ihre Taten. Zu ihnen aber dürfte ohne Zweifel der Neusser Bürger Johann von Norprath gehört haben, der 1467–1482 zu Neuss als Schöffe nachzuweisen ist; denn er begegnet erst 1476, ferner 1494 und 1501/1502 als Ritter[71] und amtierte mindestens bis 1505 als Pfandherr und kurkölnischer Amtmann zu Linn[72]. Außer ihm könnten noch andere Neusser damals zum Ritter geschlagen worden sein, wenn es dafür bisher auch keine Anhaltspunkte gegeben hat.

Auf alle Fälle aber muß Johann Vell van Wevelkoven (gestorben nach 3. 1. 1497)[73] dem Landgrafen Hermann nahegestanden haben. Er findet sich 1473 ebenso wie Johann Flecke van der Balen als Bürgermeister der Stadt Neuss erwähnt in Hermann von Hessens und des Kölner Domkapitels Bündnisvertrag mit dem Herzog von Kleve. Johann Vell, der (wohl vor 1470) eine Tochter des einflußreichen Neusser Schöffen Johann König (so 1441–1461; gestorben 1475) geheiratet hatte, empfing 1461 statt seines noch lebenden Vaters ein Burglehen der Grafen zu Neuenahr zu Bedburg. Aufschlußreich für

---

[66] Ebd., S.53f. (Nr.77). --- Vgl. Anm.81–84.

[67] Ebd., S.54ff. (Nrn. 78–83).

[68] Lau: Neuss (wie Anm.19), S.167*, ferner S.147–154 (100–105). Am 9.10.1475 bestätigte der Kaiser zu Köln noch die Ordnung und Rechte der Neusser Schöffen (Lau a.a.O., S.154f., Nr.106).

[69] Lange: Pulchra Nussia (wie Anm.3), S.169.

[70] Wierstraet: Die Geschichte (wie Anm.34), S.298f.

[71] Brandts: Selikum (wie Anm.29), S.29 (26b: 1476 Sept.18). --- Lau: Neuss (wie Anm.19), S.458 (1494) u. 408 (1501/1502). --- Vgl. Anm.23.

[72] Fuhs: Hermann IV. (wie Anm.1), S.471.

[73] Brandts: Selikum (wie Anm.29), S.XXIII – XXIX, 29 (1476), 32ff. (1484), 38f. (1491) u. 43 (1497). --- Militzer, Klaus: Die feierl. Einritte der Kölner Erzbischöfe in die Stadt Köln im Spätmittelalter und in der frühen Neuzeit, in: Jahrbuch d. Köln. Geschichtsvereins 55 (Köln 1984), S.77–116, hier S.91. --- Vgl. Anm.23

Johann Vells Beziehungen zum Landgrafen Hermann, auch als Erzbischof seit 1480, ist es jedoch, daß dieser Johann Vell 1484 mit dem Haus Selikum (Merhof) im Amt Erprath belehnt hat. Von diesem Jahr an bis 1494 läßt sich Vell als Rat und Getreuer des Kurfürsten Hermann IV. von Köln sicher nachweisen, vielleicht auch noch früher. Doch bereits 1476 hatte sich Hermann für Johann von Norprath und Johann Vell in deren Streitsache vermittelnd an Wilhelm Herzog von Jülich und Berg (gestorben 1511) gewandt. Als Schloß Zons 1488 für den Herzog von Kleve, der am feierlichen Einritt des Erzbischofs Hermann IV. in Köln teilnahm, hergerichtet und darin aufgewartet werden mußte, waren dafür der Ritter Johann von Gymnich, Johann Vell und andere verantwortlich.

Die persönliche Verbundenheit des Landgrafen Hermann von Hessen mit der Stadt Neuss, die sich durch die gemeinsame Verteidigung der Stadt Neuss gegen den Herzog von Burgund ergeben hatte, wurde von ihr in wohl gleichem Maße erwidert; denn im Hinblick auf die schlimmen Finanzen des Kurfürstentums Köln vereinbarte die Stadt Neuss mit ihm als dessen Regierer am 13. April 1477, die den Neussern am Rheinzoll zu Linz zustehende Freiheit nur bis zum Betrag von ungefähr 60 oberländischen rheinischen Gulden jährlich beanspruchen zu wollen, von den im Wert darüber liegenden Gütern jedoch Zoll zu entrichten[74].

Obwohl Kaiser Friedrich III. 1475 den Landgrafen Hermann als Regierer des Erzstifts Köln eingesetzt hatte, nahm er auf den noch unentschiedenen Streit um das Erzstift Köln Rücksicht und beauftragte zu Wien am 4. Mai 1477 den Vinzenz Graf zu Moers und zu Saarwerden sowie den „Greven" des Kölner Hochgerichts mit der sonst dem Kölner Kurfürsten zustehenden Bestätigung der neu gewählten Neusser Schöffen und Ratsherren[75]. Andererseits bestätigte Landgraf Hermann der Stadt Neuss ihre Privilegien als Regierer am 13. April 1477 und als erwählter Erzbischof am 22. August 1480[76]; denn Erzbischof Ruprecht war erst am 26. Juli 1480 gestorben und Hermann am 11. August zum Erzbischof gewählt worden. Verbunden mit der Bestätigung der Neusser Privilegien durch Erzbischof und Kurfürst Hermann IV. war die Huldigung vom gleichen Tage durch die Stadt Neuss[77]. Bei diesem Neusser Aufenthalt ging der Landesherr mit seinen Edelmannen und Dienern sowie mit

[74] Lau: Neuss (wie Anm.19), S.158 (112).
[75] Ebd., S.158f. (113).
[76] Ebd., S.160f. (116).
[77] SN (= Stadtarchiv Neuss): Kopiar I, S.27 (1480 Aug.22).

[78] SN: Schöffenbuch I, S.259 (1496 Febr.27). -- - Huck, J.: Neuss, der Fernhandel und die Hanse, T.2 (Neuss 1991), S.26f.

[79] Lau: Neuss (wie Anm.19), S.451. --- Wegen Übertragung des Neusser Schultheißenamtes 1501 durch Hermann IV. an den Linner Kellner Hartmann More gegen Übernahme der Schulden des Erzstifts beim bisherigen Pfandinhaber des Schultheißenamtes s. Fuhs: Hermann IV. (wie Anm.1), S.140, Anm.114.

[80] SN: Kopiar I, S.218b. Im übrigen s. Lau: Neuss (wie Anm.19), S.146*–148*, ferner Fuhs: Hermann IV. (wie Anm.1), S.382–392 (Münzwesen unter Hermann IV.).

[81] Brincken, Anna–Dorothee von den: Haupturkundenarchiv der Stadt Köln, 50.H. (Köln 1970), S.51 (HUANA 208: 1475 Sept.2). --- Am 2.9.1475 hatte der Kaiser der Stadt Neuss Freiheit an allen Rheinzöllen für 100 Fuder Wein jährlich gewährt und sie von allen jetzigen und künftigen Erhöhungen der Land- und Wasserzölle befreit (Lau: Neuss, wie Anm.19, S.152f., Nrn. 103f.). --- Vgl. Anm.66f.

[82] Fuhs: Hermann IV. (wie Anm.1), S.113.

[83] HASK (= Hist. Archiv d. Stadt Köln): HUA 3/13503 (1479 Juni 27; Insinuation 1479 Juli 22 an den Neusser Rat); Mitteilungen aus dem Stadtarchiv von Köln, 38.H. (Köln 1926), S.204.

den Neusser Bürgermeistern, dem Schöffen Hinrich Blarre und dem Ratsherren Philipp zum Schopp, in Kempgens Haus zum Löwen (Leuwen). Vor dem Hause schenkte die Stadt ihrem Herrn eine silberne Kanne im Wert von 103 Gulden, auch einen für 12 Gulden erstandenen Ochsen usw. In diesem Zusammenhang sei vermerkt, daß (laut Franz Kreiners Findmitteln des Stadtarchivs Neuss, aber ohne Quellennachweis) des Landgrafen Hermann Hauptquartier während des Neusser Krieges sich im Haus „zum güldenen Löwen" befunden haben soll. Dieses Haus an der Oberstraße (nahe dem Markt) besaßen 1496 der Schöffe Hermann Riepgen und seine Ehefrau Tringen, die nachmaligen Schwiegereltern des bekannten Kölner Ratsherrn Hermann von Weinsberg[78]. Hermann von Hessens Einkehr in das Haus zum goldenen Löwen am 22. August 1480 könnte vielleicht ein Hinweis auf dieses Haus als sein Hauptquartier von 1474/1475 sein; denn der Saalhof, das erzbischöfliche Haus zu Neuss am jetzigen Münsterplatz, dürfte Hermann wegen der Verpfändung des Neusser Schultheißenamts 1464–1477 an Eduard Vogt von Bell[79] kaum zur Verfügung gestanden haben. Als Landesherr erließ Hermann IV. am 17. April 1494 eine Münzordnung für die Stadt Neuss und regelte damit das Prägen des von der Stadt in Umlauf gesetzten Geldes[80].

Als Freund der Stadt Neuss erwies Erzbischof und Kurfürst Hermann IV. sich immer wieder. Vielleicht hatte er ihr schon dazu verholfen, daß Kaiser Friedrich III. die Stadt Neuss vom neuen Kölner Rheinzoll und von der Schatzung wegen ihrer Tapferkeit im Krieg mit Burgund befreite[81]. Der der Stadt Köln als Entschädigung für hohe Verluste im Neusser Krieg durch den Kaiser 1475 verbriefte neue Rheinzoll hatte vor allem die Städte Aachen und Neuss dagegen protestieren lassen und auch seit etwa 1487 wachsenden Widerstand der rheinischen Fürsten erregt[82]. Deshalb war die Stadt Köln 1479 sogar in Rom in Berufung gegen die von der Stadt Neuss vorgeblich erlangten Mandate für die Freiheit der Neusser vor dem Kölner Rheinzoll gegangen[83]. Die Kölner Berufung gegen Neuss gipfelte in der Aussage: Wer seine Nahrung suchen und pflegen, also Handel treiben, wollte, sollte lieber ein Einwohner zu Neuss sein als ein Bürger zu Köln! Das aber wollte Köln nicht dulden. Dabei bezog es sich nicht nur auf sein Stapelrecht, sondern auch auf seine Verluste von mehr als 800 000 Gulden im Neusser Krieg. In dieser Lage tat sich Hermann IV. als Landesherr und Freund der Neusser erneut hervor und schlichtete 1485 den Streit zwischen Köln und Neuss[84]. Solange der Kölner Rheinzoll bestehe, an dem die Neusser vorgäben, zollfrei zu sein, solle Köln an Neuss jährlich 300 Gulden (je 4 Mark) auf Johannistag zahlen. Diese Summe solle binnen 10 Jahren um 6000 Gulden nach Wahl der Neusser zu Bonn oder Zons ablösbar sein. Fortan aber sollten die Neusser verpflichtet sein, von allem Kaufmannsgut rheinauf- und rheinabwärts Zoll zu entrichten. Im übrigen sollte 1485 beim Abschluß des Schlichtungsvertrages keine Seite der andern Zoll zurückzuerstatten haben. Schäden aus dem Neusser Krieg sollten Köln nicht durch Neuss ersetzt werden. Überhaupt sollte Köln Neuss nicht an sonstigen Privilegien hindern dürfen. Abgesehen vom Schlichtungsvertrag von 1485, kam es zwischen Köln und Neuss nicht nur zur Zeit des Kurfürsten Hermann IV. († 1508), sondern auch noch danach immer wieder zu Auseinandersetzungen bei Anwendung des Kölner Stapelrechts, was den Neusser Handel erheblich belastete[85].

Ein anderer Streitpunkt zwischen den Städten Köln und Neuss hatte sich nach dem Neusser Krieg ebenfalls ergeben, weil die Stadt Neuss in Auswirkung des Krieges ihre Rentengläubiger in Köln nicht ordnungsgemäß befriedigen konnte. Hilfsersuchen der Geschädigten an ihre Stadt Köln führten zu Geleitsverboten für Neusser, verhinderten also deren Handel mit und in Köln und behinderten selbst deren Besuche zu Familienfeiern in Köln. Das Auf und Ab der Kölner Geleitsverbote für Neuss läßt sich von 1476–1500 verfolgen[86]. Auch bei diesen langjährigen Auseinandersetzungen konnte die Stadt Neuss sich des Rückhalts bei ihrem Landesherrn gewiß sein[87].

Ungeachtet der Spannungen zwischen Köln und Neuss infolge des 1475–1494 bestehenden Kölner Rheinzolls, sodann der Anwendung des Kölner Stapels gegenüber Neuss und des Kölner Geleitverbots für Neusser waren die damaligen Beziehungen zwischen beiden Städten nicht mit einem etwaigen Kriegszustand zu vergleichen. So lud die Stadt Neuss 1493 den Münzmeister Tielmann und andere Ratsfreunde aus Köln zu einem Gelage im Neusser Waagehaus[88].

[84] HASK: HUA 2/13986 (1485 Dez. 10); Mitteilungen aus dem Stadtarchiv von Köln, 39. H. (Köln 1928), S. 39.

[85] Huck: Neuss (wie Anm. 78), T.2, S. 36–40.

[86] Huiskes: Beschlüsse (wie Anm. 45), Bd 1, S. 570 (65: 1476 Nov. 8 Geleit bis Weihnachten verlängert) u. 588 (56: 1477 Okt. 28 Geleit bis Martini). --- Brincken: Haupturkundenarchiv, Nachträge (wie Anm. 81), S. 55 (1478 Mai 22 Stadt Köln vermittelt zwischen Ratsfreunden aus Neuss einerseits sowie dem Kölner Subprior der Augustiner und Kölner Bürgern wegen versessener Erbrente der Stadt Neuss). --- Kuske, Bruno: Quellen zur Geschichte des Kölner Handels u. Verkehrs, 1.–4. Bd, Nachdruck Düsseldorf 1978; 2. Bd, S. 404f. (768: 1479 Febr. 10), 482 (930: 1483 Dez. 24), 655 (1291: 1492 Okt. 26), 760 (1479 Febr. 10), 482 (930: 1483 Dez. 24), 655 (1291: 1492 Okt. 26), 760 (1479: 1497 Dez. 31); 4. Bd, S. 115 (N28: 1477 Okt. 29) u. 1478 März 18), 118 (N28: 1490 Okt. 29, 1492 März 30 u. Juli 12), 119 (N28: 1492 Sept. 10), 120 (N28: 1493 E. Juli) u. 121 (N28: 1497 St. Stephan).

[87] Lau: Neuss (wie Anm. 19), S. 168*.

[88] SN: A1/IVA1, S. 53b.

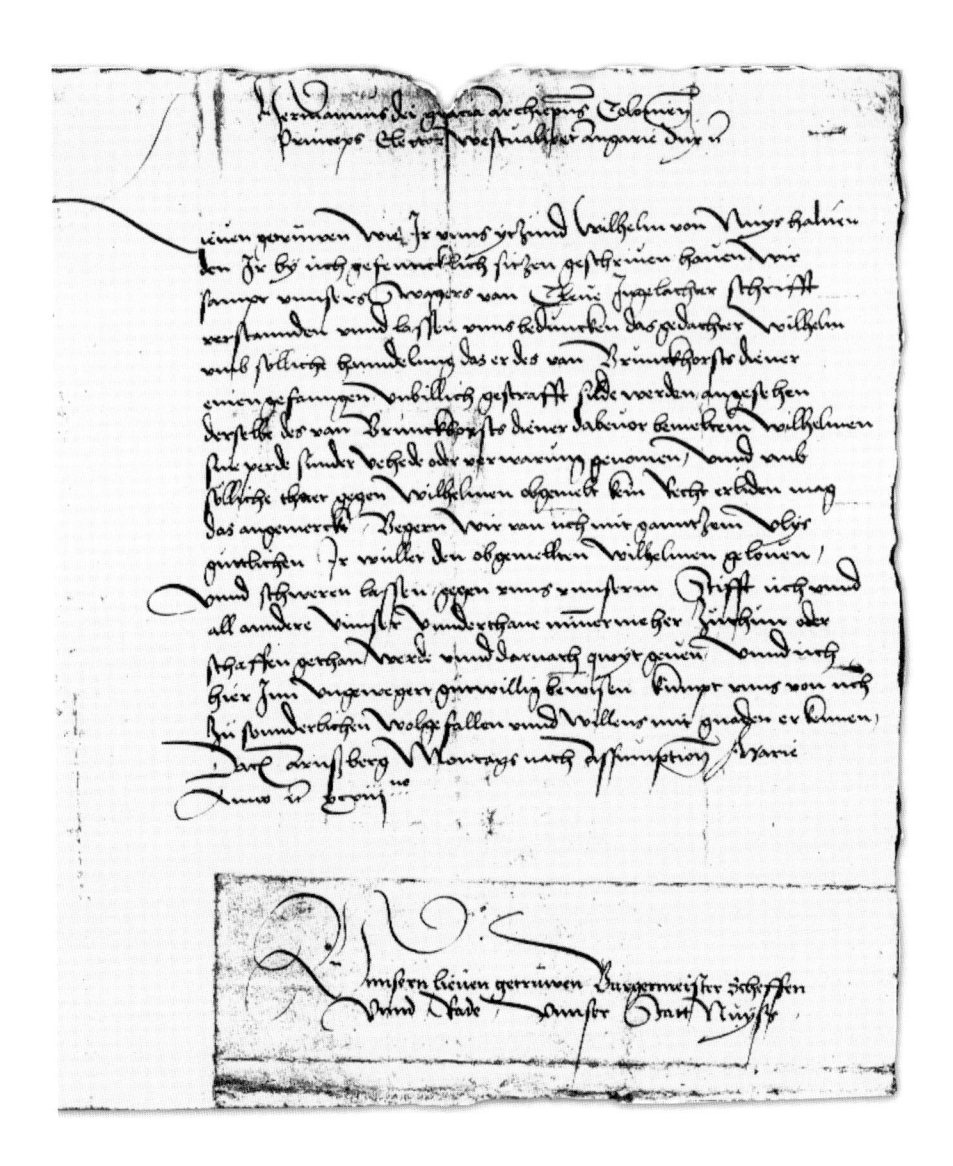

Hermannus dei gratia archiepiscopus Coloniensis
Princeps Elector Westphaliae ducis &c.

einen getrewen brieff ir uns jetzund Wilhelmen von Nuys halben
den ir bey euch gefencklich sitzen gethewen haben wir
sampe unnsser beigelagter schrifft
verstanden und lassen uns bedencken das gedachter Wilhelm
unnd sollich handelung das er des van Brunckhorst diener
einen gefangen unbillich gestrafft solle werden angesehen
das selbe des van Brunckhorsts diener daher bemelten Wilhelmen
sin perde sunder bescheid oder verwarung genomen, und uns
billiche chaer gegen Wilhelmen abgeneigt sin Recht erbieden mag
das angemerckt Begeren wir van euch mit gantzem vleiss
gunstlichen Ir willet den obgemelten Wilhelmen gelouen,
und schweren lassen gegen uns unnserm Stifft, ich und
all andere unnsers underthanen nimmermehr Fürsten oder
schaffen gethan werde und darnach quyt geuen, und ich
hier Inn angeneigen gutwillig beweisen kumpt uns van euch
zu sunderlichen wolgefallen und willens mit gnaden erkennen,
Dat Arensberg Montags nach Assumptionis Marie
Anno xv lxxiij

Unsern lieven getruwen Burgermeister scheffen
und stade unser Start Nuyss

Hermann von Gottes Gnaden, Erzbischof von Köln, Kurfürst, Herzog von Westfalen und Engern usw. zu Arnsberg am 20. August 1498 an „unsern lieven getruwen Burgermeister, Scheffen und Rade unser Statt Nuyß":

Nach Empfang ihres Schreibens betr. den im Gefängnis der Stadt Neuss sitzenden Wilhelm von Neuss und nach dem anliegenden Schreiben seines Schwagers, des [Johann Herzogs] von Kleve habe Hermann verstanden, daß Wilhelm, weil er einen Diener des von Bronckhorst gefangen, unbillig gestraft werden sollte. Da der Diener jedoch zuvor des Wilhelms Pferde ohne Fehde oder Verwahrung genommen und dadurch gegen Wilhelm kein Recht erleiden möge, begehre Hermann, den Wilhelm gegen Schwören von Urfehde gegenüber Hermann, dem Erzstift Köln und seinen Untertanen wieder freizulassen. Das wolle Hermann dann der Stadt Neuss „zu sonderlichen Wohlgefallen und Willens mit Gnaden erkennen."

Quelle: Stadtarchiv Neuss, A1/VIII.

Nachdem Landgraf Hermann von Hessen als Stiftshauptmann 1474/1475 mit der Stadt Köln bei der Abwehr des Herzogs von Burgund vor Neuss noch eng verbunden gewesen war, wurde das beiderseitige Verhältnis dann durch die dabei entstandene Kriegsschuld belastet, obwohl Hermann und die kurkölnischen Landstände mit der Stadt Köln 1473 einen Hundertjahresverbund geschlossen hatten[89]. Schwerer aber wog, daß Hermanns Bruder, Heinrich III. Landgraf von Hessen, von der Stadt Köln Ersatz für seinen erlittenen Schaden (Pferde usw.) im Neusser Krieg forderte. Doch Hermanns Vermittlung ließ des Bruders Forderung von 16 433 1/2 Gulden am 19. Juli 1480 auf 7 000 Gulden Frankfurter Währung sinken[90].

Nach seiner Wahl zum Kölner Erzbischof 1480 blieb Hermann IV. von den bereits geschilderten Streitigkeiten seiner kurkölnischen Landstadt Neuss mit der Reichsstadt Köln nicht unberührt. Allmählich wuchs Hermann als Kurfürst dann wieder in den jahrhundertealten Gegensatz zwischen seinen Vorgängern im Amt und der Stadt Köln hinein. Kennzeichnend dafür ist es, daß er als neuer Erzbischof und Kurfürst von Köln zwar kurze Zeit nach seiner Wahl in Neuss feierlich einreiten konnte, aber erst 1488 nach schwierigen Verhandlungen in das 1475 zur Reichsstadt aufgestiegene Köln, wo den Erzbischöfen und Kurfürsten wichtige Rechte (das hohe Gericht, das bedeutendste Schöffengericht in der Stadt, sowie andere Rechte) und auch Einkünfte verblieben waren[91]. Der Gegensatz zwischen Hermann IV. und Köln erreichte zum Jahrhundertende seinen Höhepunkt[92]. Hier kann und soll auf keine Einzelheiten eingegangen werden, jedoch festgestellt werden, daß die Stadt Neuss zwischen ihrem Landesherren und der Reichsstadt um Vermittlung bemüht gewesen ist. Davon zeugen zumindest Ausgaben in der Neusser Stadtrechnung von 1501[93]. Neusser Bürgermeister und andere von der Stadtobrigkeit scheuten keine Mühen von Reisen nach Köln, Bonn und Brühl, um zu verhandeln, und am 18. September 1501 sandte Neuss sogar seinen Stadtdiener Franziskus mit unbekanntem Auftrag nach Westfalen, wo Hermann IV. sich in seinem kurkölnischen Landesteil sowie im Fürstbistum Paderborn als dessen Koadjutor seit 1496 und Administrator seit 1498 auch immer wieder aufhielt[94] und besonders gern jagte[95].

Im Vergleich zur Reichsstadt Köln waren die Beziehungen der Stadt Neuss zu Hermann IV., ihrem Landesherren, kaum belastet, zumin-

---

[89] Brincken, A.–D. von den: Haupturkundenarchiv, Nachträge (wie Anm.81) S.50 (1475 Mai 3). --- Vgl. Anm.22.

[90] Mitteilungen aus dem Stadtarchiv von Köln, 38.H., S.212 (HUA 1/13 600 – 13 601).

[91] Militzer: Einritte (wie Anm.73), S.77.

[92] Fuhs: Hermann IV. (wie Anm.1), S.312–377 u. 453.

[93] Lau: Neuss (wie Anm.19), S.411–415.

[94] Fuhs: Hermann IV. (wie Anm.1), S.274–285 u. 452.

[95] Militzer, Klaus: Die Versorgung des kurköln. Hofes, in: Alltag bei Hofe, 3. Symposion der Residenzen–Kommission der Akademie der Wissenschaften in Göttingen, Ansbach 28. Febr. bis 1. März 1992, hrsg. von Werner Paravicini: Residenzenforschung hrsg. von der Residenzen–Kommission der Göttinger Akademie der Wissenschaften, Bd 5 (Sigmaringen 1995), S.41–64, hier S.52f. ("Jedoch hat wohl keiner im Mittelalter so wie Hermann von Hessen dieser Leidenschaft gefrönt.")

dest nicht persönlich. Seit 1455 und 1469 hatten seine Vorgänger der Stadt Neuss beide Hälften des Neusser Landzolls verpfänden müssen und Neuss dagegen eine Reihe von Rentenbürgschaften übernehmen[96]. Nachdem im Neusser Krieg das Gleichgewicht von Einnahmen und Ausgaben des Neusser Landzolls stark gestört worden war, wurde die auf dem Landzoll lastende kurfürstliche Schuld 1477 noch durch weitere 8000 Gulden vermehrt. 1487 betrug die Schuld 6776 Mark, und ein Jahr später mußte Hermann IV. wiederum 2000 Gulden bzw. 100 Gulden Erbrente auf den Neusser Landzoll überweisen. Doch nach 1500 brachte dieser der Stadt Neuss wieder „öfters bedeutende Überschüsse". In diesem Zusammenhang sei auch bemerkt, daß Hermann IV. bis zum Ende des 15. Jahrhunderts den größten Teil der von seinen Vorgängern hinterlassenen Schulden des Kurfürstentums Köln durch seine gewissenhafte und sparsame Verwaltung wieder abgelöst hatte[97].

Es gibt also nur äußere Anhaltspunkte für das Verhältnis Hermanns IV. zu Neuss. Sie werden etwas aufgehellt durch Nachrichten von seinem feierlichen Einritt als erwählter Erzbischof in Neuss 1480 und von der damit verbundenen Huldigung durch die Neusser. Wenn auch entsprechende Belege dafür fehlen, so dürfte Hermann IV. seine Landstadt Neuss noch öfter aufgesucht haben. Um so bemerkenswerter sind daher Eintragungen in der Neusser Stadtrechnung vom 31. Januar 1501 – 30. Januar 1502[98]. Offenbar hatte Hermann IV. die Stadt schon am Tag des Märtyrers Quirin, also am 30. April 1501, besucht; denn es wurden unterschiedliche Gelder ausgegeben für des Erzbischofs Herold, Trompeter und Geiger, ferner für erzbischöfliche Sänger und Sängerinnen sowie Kesselpauker[99]. Die weiteren Eintragungen sprechen für sich[100]: „As unser gn. herre erzbusschof zo Colne des andern dages na Meidage [= 2. Mai] up der Waigen [= Gaststätte im Waagehaus am Markt] froelich was, gehat bi Stijngen Grunskens an bier, 6 1/2 albus, bi Peter Schoman an bier 1 braspenning, noch so vil an bier, dat de summe overall ist 81 quarten, ind vur huronge etlicher winpotte 1 alb." Für diese verschiedenen Bier- und Weinmengen[101] wurden aus der Stadtkasse aufgewendet 1 Mark 9 Albus 3 Pfennige. Etlichen Gesellen für das An- und Abtragen der Tafeln von der Waage, als seine Gnaden fortzogen, noch 2 Albus verausgabt. Dem gnädigen Herrn waren außerdem geschenkt worden zwei Hammel von 79 Pfund und ein dritter von 38

[96] Lau: Neuss (wie Anm.19), S.149*–150*, 158 (1477 April 13). --- Fuhs: Hermann IV. (wie Anm.1), S.394f.
[97] Chroniken (wie Anm.31), Cöln, 3.Bd, S.790 (Koelhoffsche Chronik von 1499).
[98] Lau: Neuss (wie Anm.19), S.360–439.
[99] Ebd., S.395.
[100] Ebd., S.394.
[101] 1 Fuder Wein = 6 Ohm = 624 Quart (1 Quart = etwa 1 1/2 Liter).

Pfund (Wert 8 Mark 1 Albus 2 Pfennige), ebenso 7 Hammel von 318 Pfund (jedes Pfund 10 Pfennige = insgesamt 22 Mark 1 Albus). Außerdem wurden seinen Gnaden auf Befehl des Rats noch bei Gerit Grunsken verehrt 3 Ohm Weins (Wert 51 Mark 11 Albus).

Da Geschenke bekanntlich Freundschaften erhalten, sandte der Rat der Stadt Neuss den Stadtboten Franziskus am 28. Oktober 1501 mit zwei Ochsen (Wert 40 Hornsche Gulden) zum Landesherrn und gab ihm einen Gulden mit (Gesamtausgabe 74 Mark 4 Albus)[102]. Zu Ostern (11. April) hatte man dem gnädigen lieben Herrn Erzbischof 13 Kannen Weins (Wert 3 Mark 3 Albus) übersandt. Am 12. November 1501 erfreute Hermann IV. die Stadt Neuss mit einem Wildschwein[103]. Seine Jäger empfingen als Trinkgeld 2 Hornsche Gulden (Wert 3 Mark 7 Albus). Bürgermeister, Schöffen und Rat mit den Freunden von den Vierundzwanzigern (= gewählte Bürgervertretung) und etliche Bürger ließen sich das Wildschwein kochen und sind „damit froelich gewest up der Waigen" (Ausgabe 19 Mark 6 Albus 7 Pfennige). Unter den Ausgaben des Jahres 1501 heißt es noch[104]: „As unser gn. her up der Waigen froelich was, an bier, schanzen ind anders overmitz Nachtegall" verausgabt 1 Mark 3 Albus, ferner „8 qu[arten]. wins up de Waige, as unse gn. herre dair was, bi Johan Albertz [gekauft], de qu. 2 alb." (= 1 Mark 4 Albus). Vermutlich handelte es sich nicht um Ausgaben beim landesherrlichen Besuch von Anfang Mai, sondern um einen weiteren Besuch. Doch, wie dem auch gewesen sein mag, die Ausgabenvermerke in der Neusser Stadtrechnung lassen klar erkennen, daß die Beziehungen Hermanns IV. zu Neuss damals ausgezeichnet gewesen sind.

Noch wenigere schriftliche Überlieferungen als zu Hermanns IV. Zeit als Kurfürst von Köln gibt es über seine Beziehungen zur Stadt Neuss in seiner Stellung als Erzbischof, als geistlicher Oberhirte, von 1480 an. 1481 befreite er die Äbtissin und den Konvent zur heiligen Klara in Neuss von allen bis dahin zu leistenden Diensten und Lasten des Hofes zum Desenbusch an das stiftskölnische Schloß Erprath gegen Zahlung von 12 oberländischen Gulden[105]. Den Neusser Sebastianskonvent, eine Gemeinschaft von Männern der dritten Regel des heiligen Franz, entließ Hermann IV. 1487 mit Willen des Neusser Pfarrers aus dessen Pfarrverband und machte ihn damit kirchlich unabhängig[106]. 1494 hatte der Erzbischof die Äbte von Groß St. Martin zu

102 Lau: Neuss (wie Anm.19), S.400.
103 Ebd., S.401.
104 Ebd., S.401.
105 Tücking, Karl: Urkunden und Akten aus dem Archiv der Klarissen zu Neuss (Neuss 1896), S.57f. (170: 1481 Nov.30 Zons).
106 Wisplinghoff, Erich: Geschichte der Stadt Neuss, T.4: Das kirchl. Neuss bis 1814 (Neuss 1989), S.271.

Köln und von Knechtsteden als Visitatoren in das vor 1432 gegründete Augustinerinnenkloster Holzheim bei Neuss entsandt, nachdem er von üblen Gerüchten gehört hatte[107]. Eigenartig erscheint es, daß Bürgermeister und Rat der Stadt Neuss sich wegen angeblicher Reformbedürftigkeit des Neusser Konvents der Minderbrüder nicht an den Kölner Erzbischof, sondern an den heiligen Stuhl in Rom wandten; denn am 7. September 1502 beauftragte Raimundus Kardinalpriester von Gurk als apostolischer Legat für Deutschland usw. zu Straßburg den Kölner Erzbischof, den Neusser Konvent nach den Statuten der Observanz zu reformieren und dem Provinzialvikar der Kölnischen Observantenprovinz zu unterstellen[108]. Falls der Konvent sich aber widersetzen würde, sollten seine Mitglieder in verschiedene Observantenklöster versetzt werden. Widerspenstige wären mit Kirchenstrafen zu belegen und – falls notwendig – dem weltlichen Arm zu übergeben. Als die Minderbrüder sich nicht fügen wollten, ließ der Erzbischof sie aus Neuss entfernen. Weil dann aber offenbar die Stadt und ihre Bürgerschaft (darunter wahrscheinlich vor allem Stephan Vell van Wevelkoven † 1534 und begraben in der Minoritenkirche, ein Sohn des Johann Vell, des vormaligen Rats des Kurfürsten Hermann IV.) selbst sich – entgegen ihrer vorherigen Anzeige in Rom oder beim Legaten – für die Minoriten einsetzten, ließ der kirchliche Oberhirte sie doch wieder zurückkehren[109]. Nach vorangegangenen Auseinandersetzungen trennte der Erzbischof 1506 im Neusser Quirinusstift die Güter der Äbtissin und des Konvents[110]. Die Äbtissin verzichtete auf ihre Rechte an der Epgesmühle und an einigen Höfen. Dafür wurde sie von der jährlichen Zahlung von 28 Gulden verschiedener Geldrenten an ihr Stiftskapitel befreit. – Im übrigen aber fällt es auf, daß Hermann als Kölner Erzbischof, als kirchlicher Oberhirte, in seiner Stadt Neuss nicht durch ungewöhnliches Wirken oder gar durch eine besondere geistliche Stiftung hervorgetreten ist.

Hermann von Hessen setzte als Kölner Erzbischof die Klosterreformpolitik seiner Vorgänger fort. Im Einvernehmen mit der Bursfelder Reformbewegung des Benediktinerordens förderte er seit 1491 die Reform der Benediktinerklöster seines Bereichs[111]. Seine besondere Zuneigung aber galt den Franziskanerobservanten[112]. Dabei ist es bemerkenswert, daß das durch Hermann vom Papst erbetene Privileg des Jahres 1490 für die Gründung eines Franziskanerobservan-

107 Ebd., S.162.

108 Domsta, Hans J.: Inventar des Archivs der Köln. Prov. der Franziskaner im Stadtarchiv Düren, 2.T., in: Dürener Geschichtsblätter, Nr.69 (Düren 1980), S.117 (104: 1502 Sept.7). Vgl. dazu Bernhard Neidiger (Erzbischöfe, Landesherren u. Reformkongregationen. Initiatoren und treibende Kräfte der Klosterreformen des 15.Jhs. im Gebiet der Diözese Köln, in: Rhein. Vierteljahrsblätter, 54Jg., 1990, S.19–77, hier S.72) und danach auch Fuhs: Hermann IV., wie Anm.1, S.269).

109 Wisplinghoff: Geschichte (wie Anm.106), T.4, S.216.

110 Ebd., S.62.

111 Neidiger: Klosterreformen (wie Anm.108), S.68f.

112 Ebd., S.71f.

tenklosters in der Stadt Köln oder in den kurkölnischen Landen ausgestellt worden war. Sollte der Erzbischof also vor Gründung des Klosters in Brühl 1491 zunächst an einen anderen Klosterstandort, vielleicht sogar an Neuss, gedacht haben? Wie dem auch gewesen sein mag, Hermann entschied sich für ein Kloster in Brühl, wo er die zugehörige Kirche Maria von den Engeln 1493 selbst weihte. Aber auch die Windesheimer Reformbewegung der Augustinerklöster, darunter das Neusser Oberkloster, stand dem Erzbischof Hermann nahe; denn als er zu Poppelsdorf am 19. Oktober 1508 starb, waren zwei Prioren der Augustinerreformklöster zugegen[113]. Es war jedoch ein Zeichen der Verbundenheit mit dem Brühler Franziskanerkloster, daß er hier 1508 sein Herz und die Eingeweide beisetzen ließ, seinen Körper aber im Dom zu Köln[114].

Der Held des Neusser Krieges von 1474/1475 hatte sich während seiner Regierung als Erzbischof und Kurfürst von 1480–1508 durch Friedsamkeit und Frömmigkeit ausgezeichnet. Ihn hatte auch die „Devotio moderna", die von Demut bestimmte religiöse Erneuerungsbewegung seiner Zeit, mit ihrer verinnerlichten Frömmigkeit erfaßt, die ebenso in der Windesheimer Reformbewegung fortwirkte. Bei Hermann wurden unter den Kölner Erzbischöfen nach Jahrhunderten erstmals „Neigungen zu einem priesterlichen und bischöflichen Leben im Sinne der Reformforderungen" sichtbar[115]. Janssen hat darauf hingewiesen und gefragt, ob sich darin wirklich Demut des Charakters offenbart habe oder ob das „nicht eher eine bewußt gepflegte Frömmigkeitshaltung" gewesen sei?

113 Janssen: Das Erzbistum (wie Anm.24), S.290.
114 Ebd., S.290. --- Fuhs: Hermann IV. (wie Anm.1), S.456f.
115 Janssen: Der Bischof (wie Anm.61), S.231.

Schlussbetrachtung

Als sich das Leben des Hermann Landgrafen von Hessen 1508 vollendete, hatte es rund 60 Jahre gewährt. Der bereits 1458 verstorbene Vater Ludwig I. und die nur bis 1462 lebende Mutter werden für ihren dritten Sohn kaum mehr als die Weichen seines Lebens haben stellen können. Man denke an Hermanns Empfang der ersten geistlichen Pfründe im Domkapitel zu Mainz 1461 und auch an den Beginn seines Studiums in der Universität Köln 1462. Als Fürstensohn standen ihm zwar grundsätzlich viele Türen und Tore offen, doch was er selbst dann im Laufe der Zeit aus seinen Vorgaben hat machen können und gemacht hat, hing in erster Linie von seinem Charakter und seiner Befähigung, aber auch von seinem menschlichen Umfeld ab.

Mit guten Gaben ausgestattet[116], war Hermann durchaus friedfertig wie sein Vater und also um Ausgleich von Gegensätzen bemüht. Nicht weniger aber konnte er erforderlichenfalls auch kämpfen, was er vor allem als Befehlshaber der belagerten Festung Neuss 1474/1475 gegen den Herzog von Burgund bewiesen hat. Danach hat er in Friedenszeiten als Gubernator des Erzstifts Köln 1475 sowie als Erzbischof und Kurfürst seit 1480 ebenso hervorragende Führungseigenschaften gezeigt.

Die Stadt Neuss, zu der Hermann spätestens 1473 lose und seit 1474 als Neusser Befehlshaber starke persönliche Verbindungen erhalten hatte, durfte sich bei der erfolgreichen Verteidigung der Stadt zunächst seiner Waffenbrüderschaft erfreuen und hatte ihm, ihrem Befehlshaber, vor allem die erfolgreiche Abwehr des Burgunderheeres zu verdanken. Hermann selbst hat die alte Waffenbrüderschaft und die in großer Notzeit entstandenen persönlichen Beziehungen zur Stadt Neuss und deren Bürgerschaft nie vergessen. Das geht aus den verhältnismäßig wenigen überlieferten einschlägigen Dokumenten seiner Regierungszeit hervor. Als Landesherr hat Hermann den Neussern (z. B. bei den jahrzehntelangen wirtschaftlichen Streitigkeiten mit der Stadt Köln) nicht nur allgemeinen Schutz gewährt[117], sondern sich auch immer wieder für Neuss und seine Bürger persönlich eingesetzt. Das zeigte sich z. B. auch 1480 bei seinem

116 Vgl. Anm.60–62. – Fuhs: Hermann IV. (wie Anm.1), S.436–458, besonders S.445.

117 Vgl. Anm.66f. u. 81–87.

feierlichen Einritt als erwählter Erzbischof und nicht zuletzt darin, daß er zumindest den Neusser Schöffen Johann von Norprath 1475 durch Kaiser Friedrich III. zum Ritter schlagen ließ und zum kurkölnischen Amtmann in Linn ernannte, ferner den Neusser Patrizier Johann Vell van Wevelkoven zu einem seiner kurfürstlichen Räte ernannte und auch mit dem Haus Selikum 1484 belehnte. Es ist gewiß nicht übertrieben, wenn man feststellt, daß in den Beziehungen des Erzbischofs und Kurfürsten Hermann IV. von Köln zur Stadt Neuss Treue gegen Treue gestanden hat. Beide haben einander vertraut und Freundschaft bewiesen. Man denke an die Rücksichtnahme der Neusser auf die katastrophalen Finanzen des Kurfürstentums Köln, als sie 1477, obwohl durch den Neusser Krieg selbst noch wirtschaftlich am Boden, unbeschadet ihrer kaiserlichen Privilegien die ihnen zustehende Freiheit am Zoll zu Linz freiwillig auf rund 600 oberländische rheinische Gulden jährlich begrenzte. Ebenso sei der Neusser Vermittlungsbemühungen gedacht in Hermanns IV. Streit mit der Stadt Köln vom Ende des 15. Jahrhunderts an[118].

Die wenigen Nachrichten über Hermanns Besuche in Neuss als Landesherr bzw. geistlicher Oberhirte des Erzstifts Köln lassen klar erkennen, wie menschlich eng die Beziehungen zu den Neussern gewesen sind, wenn sie zum Beispiel im Waagehaus am Markt oder im Haus zum goldenen Löwen fröhlich beisammengesessen haben, was für die Jahre 1480 und 1501 nachzuweisen ist. Schönster Ausdruck der Verehrung des Erzbischofs und Kurfürsten Hermann IV. in seiner Neusser Bürgerschaft ist darüber hinaus ein Testament der am 24. November 1495 auf dem Zehrbrett liegenden Neusserin Katharina von der Lippe, die ihrem Erzbischof damals einen Schinken vermacht hat[119]. Sie mag dabei auch an die furchtbar große Notzeit gedacht haben, die Hermann im Neusser Krieg 1474–1475 mit ihr und vielen anderen Neussern gemeinsam durchlitten und durchstanden hat.

„Der Erzbischof Hermann IV. blieb bis zu seinem Tod ein dankbarer Gönner der Stadt" Neuss[120]. Er war nicht nur einer der besten Erzbischöfe und Kurfürsten von Köln im Mittelalter[121], sondern – soweit das bekannt ist – auch ein Freund und Förderer der Stadt Neuss, wie wohl kein anderer seiner Vorgänger und Nachfolger im Amt es gewesen ist. Die Neusser haben um so mehr Grund und Verpflich-

118 Vgl. Anm.92.
119 SN: Schöffenbuch I., Anhang, Bl. 6a.
120 Lau: Neuss (wie Anm.19), S.30*.
121 Fuhs: Hermann IV. (wie Anm.1), S.457.

Schlussbetrachtung – Hermann von Hessen

tung, seiner immer mit Dank als Bewahrer von Neuss 1474–1475 sowie als eines Freundes zu gedenken.

In den vergangenen Jahrhunderten hat Neuss seinem Helden von 1474/1475 kein Denkmal gesetzt. Hermanns Ehrung begann erst, als die Neusser Gemeinnützige Bauverein AG Ende des 19. Jahrhunderts am Rand der Innenstadt den Hermannsplatz und die Hermannstraße bebaute und ausbaute sowie die Stadt Neuss Hermanns Namen hier verewigte[122].

Als 1984 der Neusser Marktbrunnen geschaffen wurde, berücksichtigte man bei den Darstellungen zunächst nur Hermanns berühmten Gegner, den Herzog von Burgund, und dessen Zeitgenossen, Kaiser Friedrich III., nicht aber den großartigen Befehlshaber der Verteidigung der Stadt Neuss gegen den Burgunder, Hermann Landgraf von Hessen, der hernach auch als Erzbischof und Kurfürst von Köln (1480–1508) ein Freund der Stadt Neuss geblieben war.

Die Vereinigung der Heimatfreunde Neuss e. V. unter ihrem Vorsitzenden, Rechtsanwalt Dr. Heinz-Günther Hüsch, hat sich dann besonders der ehrenvollen Neubelebung des Andenkens an Hermann von Hessen gewidmet. Das geschah durch das Stiften der Auszeichnung „Hermann von Hessen – Verteidiger der Stadt Neuss" im Jahre 1990, die seitdem Frauen und Männern verliehen wird, „die sich durch uneigennützige, langjährige und mit hohem persönlichen Einsatz ausgeübte Tätigkeit um Stadt und Landschaft verdient gemacht haben." Außerdem sorgten die Heimatfreunde dafür, daß der Neusser Marktbrunnen am 29. Mai 1993 noch durch die Statue des Hermann Landgrafen von Hessen in Ritterrüstung auf vier schlanken, von der Brunnenfontäne umspülten Säulen gekrönt wurde[123].

[122] Benennungen durch Stadtverordnetenversammlungsbeschlüsse vom 27.3.1900 „Hermannstraße" (SN: A702a/18, S.81) und vom 23.11.1926 „Hermannsplatz" (SN: A702a/23, S.131).

[123] Mausberg, Hans: Hermann von Hessen (Faltblatt der Jubiläumsstiftung der Stadtsparkasse Neuss 1993).

geboren am 23. September 1942 in Bonn
verheiratet, vier Kinder

Abitur 1962 in Neuss

Studium für Höheres Lehramt in Französisch und Geschichte in Münster, Freiburg, Lille und Würzburg.

Eineinhalb Jahre Aufenthalt (1967/68) in Lyon und Paris.

Promotion in Geschichte in Würzburg

Hans-Georg Loose Lehrer am Quirinus-Gymnasium zu Neuss

---

geboren: 9.12.1927 in Stadtoldendorf (Niedersachsen), verheiratet in 2. Ehe mit Dr. med. Gisela Huck; zwei Töchter aus 1. Ehe.

Archivlaufbahn: 1950-1952 im Nieders. Hauptstaatsarchiv Hannover; 1952-1959 im Bundesarchiv zu Koblenz (Archivschule Marburg/Lahn 1954-1955; Archivarexamen); 1960-1977 Leiter des Stadtarchivs Porz (infolge der Eingemeindung 1975-1977 im Stadtarchiv Köln als Außenstelle), gleichzeitig Dozent der Archivberatungsstelle des Landschaftsverbandes Rheinland für kommunale Archivpflege; 1977-1989 im Stadtarchiv Neuss, seit 1978 als Leiter.

Jürgen Huck
Stadtarchivdirektor a.D.

Veröffentlichungen: u.a. über Elze, Hildesheim, Lüneburg, Hamburg, Köln und Neuss, insbesondere auch über die von Bennigsen bzw. Grafen von Bennigsen sowie über die Bock von Wülfingen, Erbdrosten und Erbkämmerer der Fürstbischöfe von Hildesheim, ferner über Archive und Verwaltungsgeschichte.

Schriftleitung von UNSER PORZ, Beiträge zur Geschichte von Amt und Stadt Porz 1-16 (1960-1974); RECHTSRHEINISCHES KÖLN, Jahrbuch für Geschichte und Landeskunde 1-3 (1975-1977); Schriftenreihe des Stadtarchivs Neuss 7-10 (1980-1991).

Ehrungen: Ehrenmitglied des Heimatvereins Köln-Dellbrück 1973 sowie des Geschichts- u. Heimatvereins Rechtsrheinisches Köln 1986. Gewähltes Mitglied der Gesellschaft für Rheinische Geschichtskunde 1984.

Weitere Veröffentlichungen der Heimatfreunde

Diese und andere Veröffentlichungen der Heimatfreunde Neuss erhalten Sie bei den Neusser Buchhandlungen oder der Vereinigung der Heimatfreunde. Internet: www.heimatfreunde-neuss.de

Do schlät mi Hätz

„Do schlät mi Hätz", in diesem Buch kommt die Heimatliebe zweier Neusser Künstler zusammen. Der Maler Josef Kollenbroich und der Autor Achim Tilmes haben auf Initiative der Neusser Heimatfreunde eine Liebeserklärung an ihre Stadt verfaßt, bodenständig und feinfühlig.

Achim Tilmes, stammt aus einer typischen Schützenfamilie und erblickte im Dezember 1947 in Neuss das Licht der Welt. Vor allem der Großvater mütterlicherseits öffnete ihm Herz und Verstand für Entwicklung und Geschehen in der Vaterstadt, zugleich aber auch für die rheinische Mundart. Bekannt ist er durch seine leitenden Aufgaben in der Neusser Stadtverwaltung und dem besonderen Engagement im Schützenwesen. Achim Tilmes ist verheiratet und hat drei Söhne.

Josef Kollenbroich wurde 1927 in Nievenheim geboren. Kindheit und Jugend verbrachte er in Neuss. Eigentlich aus der technischen Zeichnung kommend skizzierte er später gern Situationen und Erlebnisse. Hinzu kam Aquarell, Öl und Linolschnitt, ebenso auch die Bildhauerei. 1959 wurde er Volksschullehrer und ging 1991 als Rektor der Görresschule in den Ruhestand.

Achim Tilmes und Josef Kollenbroich gaben bereits 1998 das Mundartbuch „Heimat dörf och Macke han" heraus.

Do schlät mi Hätz , 96 Seiten, Format: 13,5 x 20 cm **9,50 Euro**

Nüsser Kall vom Nüsser Röske

Das Büchlein von Maria Meuter. „Nüsser Kall" hatte großen Erfolg und viele können sich nun auf die neuen Kapitel aus „Nüsser Kall vom Nüsser Röske" freuen. Es ist der liebenswerte Blick auf die kleinen Ereignisse und Begebenheiten, vom Hochamt in Dreikönigen oder Besuch bei Frankenheim, eine Betrachtung der neuen Brille oder der guten alten Reibekuchen.

Das sind die wahrhaft tröstlichen und erfreulichen Geschichten aus dem Leben, leicht geschrieben, aber nie oberflächlich: mit Neusser Lokalcolloroid quer durch alle Jahreszeiten und Generationen, versehen mit Illustrationen von Heinrich Hüsch.

Nüsser Kall vom Nüsser Röske, 104 Seiten **10,10 Euro**

Weitere Veröffentlichungen der Heimatfreunde

Wir laden Sie ein...

...sich auf die Spurensuche zu begeben in die Neusser Blütezeit im Mittelalter. Entdecken Sie die Geschichte von Neuss und die Menschen jener Zeit. Vom mittelalterlichen Stadtbild sind noch viele Plätze und Bauwerke in der Innenstadt erhalten.

Das Buch schließt eine Lücke in der Literatur über Neuss und ist mit über 60 farbigen Fotos, Illustrationen und zwei Karten zum Ausklappen Rundgangführer wie auch Lesebuch. 15 zusätzliche Kapitel erläutern vom Münzrecht über den Markthandel bis zur Stadtverteidigung das mittelalterliche Leben.

Ein Buch, das anregt, aufmerksam durch die Straßen unserer Stadt zu gehen, die noch erhaltenen Bauwerke oder zumindest ihre Reste zu würdigen und zugleich mehr von der Geschichte unserer Stadt zu erfahren. Die Gegenüberstellung von Gegenwart und Vergangenheit macht deutlich, auf welchem Fundament unsere Stadt ruht.

Format 11 x 17 cm, 120 Seiten, 60 farbige Abbildungen,
Umschlag mit 2 Karten zum Ausklappen **10,10 Euro**

525 Jahre Neusser Krieg und Frieden

Zum 525. Mal jährte sich der „Neusser Krieg und der Neusser Frieden". Karl der Kühne, Herzog von Burgund, hatte die Stadt 11 Monate belagert und musste dann dem Reichsheer und dem Widerstand der Neusser weichen. Die Heimatfreunde hätten gerne gesehen, daß auch dieser Jahrestag Beachtung gefunden hätte. Das geschah nur ganz geringfügig. Deshalb haben sie die Abbildung des Schlachtengemäldes vor Neuss aus dem Jahre 1475 und ein Faltblatt dazu veröffentlicht. Ihr Motiv: Das Bewusstsein der großen Geschichte unserer Stadt und die Erinnerung an den Neusser Sieg wach zu halten. Leider tut sich das offizielle Neuss etwas schwer mit der Pflege von Tradition und Geschichte.

Poster (gerollt, daher kein Versand möglich)
mit informativem Faltblatt über Hintergründe und Details **6,10 Euro**

Weitere Veröffentlichungen der Heimatfreunde

Der Burgbann
Ein Nachschlagewerk der Neusser Landwirtschaft.

Um den eigentlichen Kern der mittelalterlichen Stadt schloß sich der Burgbann wie ein natürlicher Schutz, aber auch als fruchtbares Vorland. In ihm lagen zahlreiche Höfe, die der städtischen Bevölkerung Nahrung zulieferten, zugleich aber auch die Wiege der großen Familien unserer Stadt wurden. Diese Arbeit von Peter Stenmans ist ein Mosaikstein in der Gesamtgeschichte des niederrheinischen Raumes.

Neben den ausführlichen Beschreibungen der 38 Höfe mit zahlreichen Abbildungen schildert das Buch die Geschichte des Burgbanns und das bäuerliche Leben im Neusser Raum. Auf 10 der 16 Farbtafeln hat der Neusser Künstler Alfred Book mit lockerem und heiterem Strich diese Höfe im Neusser Raum festgehalten. Mit umfassendem Personen- und Ortsregister.

128 Seiten im Format 23 x 17 cm
mit 16 Farbtafeln

14,90 Euro

Vom Groschen zur Billion
Neusser Notgeld von 1914 bis 1923

Die Herausgabe von Notgeld in und um Neuss spiegelt die verzweifelte wirtschaftliche Lage wider, die sich in der Zeit der sog. Inflation ergeben hatte und die auch eine Folge der militärischen Kapitulation 1918 und des Friedensvertrages von Versailles 1919 war.

Nicht nur die Stadt Neuss, sondern auch Unternehmen in und um Neuss mußten sich der Möglichkeit bedienen, eigenes Geld zu drucken, um den Anforderungen eines sehr geschrumpften, aber immer noch bestehenden wirtschaftlichen Lebens nachzukommen. So entstand zunächst eine große Sammlung von Notgeld. Günter Schöpgens hat das Ergebnis seiner jahrelangen Sammlungen und Arbeiten in diesem Buch zusammengefaßt. Es gibt eine nahezu lückenlose Darstellung aller Notgeldexemplare. Zugleich sind diese Notgeldstücke ein Beitrag zur Geschichte der Stadt Neuss. Mancher Geldschein gibt interessante Details preis oder zeigt Bauwerke, die schon seit langem nicht mehr bestehen. So ist dieses Buch nicht nur eine Dokumentation mit großem Interesse für Münz- und Geldscheinsammler, sondern auch ein Beitrag zur Geschichte der Stadt Neuss.

79,00 Euro